Idea man

Idea man

Idea man

WIN EVERY ARGUMENT

說服、溝通與公開演說必讀，
美國最強辯論名家的
言語攻防密技

The Art of Debating, Persuading, and Public Speaking

美國MSNBC有線電視主播
梅迪・哈桑
Mehdi Hasan／著
陳佳琳／譯

獻給我的妻子，我一生的摯愛，

也是唯一我永遠辯不贏的人。

前言

爭論的藝術

我沒有在爭論，我只是在解釋，我的論點為何正確。

——無名氏

假使數以萬計的生命取決於你能否贏得一場辯論，你會怎麼做？

西元前四二八年，古希臘的伯羅奔尼撒（Peloponnisos）戰爭戰火方酣。雅典和斯巴達兩大城邦衝突激烈，僵持不下，雙方都意圖爭奪上風。

兩大強權忙著較勁，希臘萊斯博斯島的小城邦米蒂利尼（Mytilenean）看到了機會。城邦寡頭亟欲推翻雅典統治，進而全面控制該島。在斯巴達盟友的慫恿下，寡頭發動了後來被稱為米蒂利尼起義的反動行為。

然而，這舉動對米蒂利尼人而言是一場大災難。雅典並不如寡頭們一廂情願地無心處理，雅典大軍從四面八方圍攻米蒂利尼，後者甚至根本還沒準備好打仗。它粉碎了米蒂利尼才剛萌芽的反動起義。米蒂利尼領導人被迫向雅典將軍帕切斯投降，但將軍並不打算自行決定懲罰叛軍的方式。畢竟雅典人講求透過民主機制解決問題。他允許戰敗城邦派出千人代表團前往雅典乞求寬恕。

正如古希臘歷史學家修昔底德（Thucydides）在他的《伯羅奔尼撒戰爭史》所敘述，雅典議會成員開會投票決定該如何處置米蒂利尼。沒多久大家就決定了。雅典人對米蒂利尼的起義極度不悅——同時他們更害怕。萬一帝國其他城市決心以米蒂利尼為藍本，起而反抗雅典，那該怎麼辦？那會是雅典帝國的終結。

議會成員速速投票，一致贊成嚴懲。結論是將米蒂利尼男人全數處決，讓婦女與兒童成為奴隸。投票結束後，一艘三列槳戰船（當時速度最快的船）被派往萊斯博斯島，下令要帕切斯即刻殲滅米蒂利尼的所有成年男性。

然而在第二天清晨之前，便有許多雅典人對於自己投票允許對米蒂利尼人民施以暴行，心存疑慮。他們開始考慮減輕懲罰。雅典不愧是雅典，於是人們選了兩位演說家，在大會面前辯論此議題。

第一個是將軍克里昂，修昔底德曾經描述此人是「全雅典最暴戾的男人」，他堅持最初的懲罰：殺光並奴役米蒂利尼人。他在大會滔滔不絕，敦促雅典同胞抵制從寬處置的訴求。克里昂甚至怒氣沖沖，抨擊雅典民主，認為不能對戰爭怯弱退縮：「我在今天之前總是相信，民主沒有能力建立帝國，看來就各位目前針對米蒂利尼問題改變心意的表現，我更加堅信如此。」他警告觀眾不要成為「耳朵愉悅的奴隸」，這樣反倒成了修辭家的觀眾，而非城邦的議會代表。

「讓他們罪有應得，」克里昂爭辯道，「我們必須讓其他對手看見，這是殺雞儆猴，叛亂的下場只有死路一條。」

可憐的狄奧多德。這位性情溫和的雅典政治派系領導人的任務是提出寬以待人的理由，他必須在克里昂的咆哮之後立即發言。

成千上萬的生命懸而未決，時間並不站在他這一邊。戰船早已在前往萊斯博斯島的途中。現在，狄奧多德要捍衛的是雅典民主的靈魂，面對對手的報復怒火，你能想像他承受的巨大壓力嗎？

儘管壓力山大，狄奧多德仍慢條斯理地開口，他的冷靜與克里昂的火爆形成鮮明對比：「我不責怪那些打算重新審視米蒂利尼案件的人們，」他說，「我也不贊成我們聽到的那些對重要任務的激烈抗議。」其實這是在挖苦克里昂的長篇大論。

相反地，狄奧多德的論點強調自由公開辯論的重要，警告觀眾「匆促與激情」會是「最佳建議」的兩大障礙。

狄奧多德強調，反對大規模處決的癥結不在於米蒂利尼人有罪或無罪。他同意他們確實準備推翻雅典，但他只主張嚴懲寡頭領袖。他的論點在於此乃權宜之計，一切訴諸現實政治：殲滅米蒂利尼男性全然不符合雅典人的「利益」。他表示，這舉動是將其餘蠢蠢欲動的城邦叛亂分子排除，讓他們「不求懺悔，甚至期待自己能夠有救贖的契機」，這會是「一大錯誤」。他更進一步補充，眼前也從未有任何證據顯示，大規模處決對未來叛亂行動會起任何威懾作用。

冷靜的狄奧多德了解觀眾，也知道他們需要聽到什麼。他也明白理性論證的重要，他為此下了基調，雄辯滔滔地轉移了克里昂的復仇呼籲。「好公民，」狄奧多德認為，「並非透過威嚇對手取得勝利，而是要利用辯論，公平地將他們擊敗。」

「他也真的打敗了克里昂。」一位作家指出。議會再次投票，這一次些微差距傾向對狄奧多德有利。第二艘三槳戰船隨即帶著新命令出發，修昔底德寫道，「速速前往萊斯博斯島」，假使划槳手能「及時抵達」，將獲得「葡萄酒與大麥蛋糕」的獎賞。所幸正當帕切斯宣讀最初飭令時，第二艘雅典戰船駛入港口，在時間只剩片刻前，阻止了一場大屠殺。

數以千計的無辜生命得以倖免於難，這一切都歸功於雅典提出的一個論點。狄奧多德之所以能夠獲勝，是因為他擅長辯論、說服與公開演說的藝術。

他不僅知道如何進行合理論證，還知道如何在壓力下沉著面對。他知道如何觸及觀眾的內心，理解他們的思維，直抵他們的認同意識。他知道該如何鏗鏘有力，讓對手動搖，更選擇關鍵的開場白一一反擊。狄奧多德真切知道利用克里昂的弱點發揮優勢。他知道該如何以弱者之姿逆轉局勢，反敗為勝。

本書重點是讓各位知道，狄奧多德與世上最偉大的講者及辯論家運用的工具與策略。各位也能贏得每一場辯論，即便你手上並沒有成千上萬個生命待你決斷生死。

地球上每一個人，無論性別或年紀，都曾經有過想要贏得爭論的經驗，有可能是在臉書的評論欄、國會的大理石走廊，又或是自家的感恩節餐桌上，不管最後他們是擊敗對手，還是落荒而逃，人人必然曾經想像自己原本可以或應當說出的論點與立場。這是大家的共同經驗：我們就是無法逃避這與生俱來的人類衝動與需求，以及，沒錯，想要吵贏對方的渴望。

但辯論給人的印象總是聲名狼藉。舉凡政治兩極化到婚姻破裂，都可以歸咎於它。戴爾・

卡內基（Dale Carnegie）在他一九三六年的經典著作《如何贏取友誼與影響他人》（*How to Win Friends & Influence People*）寫道：「我得出的結論是，普天之下只有一種最佳辯論方式，那就是遠離它，正如你遠離響尾蛇與地震一樣。」

我不同意卡內基的結論——如果他還在世，或許我們可以好好辯論一下。

我寧願不去避免爭論。我會親自出馬尋覓它們，衝向它們，好好品味一番。

事實上，我一生都在爭論，甚至以此為業。我一開始在英國擔任專欄作家與電視評論員；後來我成了半島電視臺英文臺的政治採訪員；現在則是美國MSNBC的有線電視主播。我曾與各國的總統、總理與情報首腦辯論。我也曾經在白宮裡面堅持己見；唐寧街十號，甚至是……沙烏地阿拉伯的大使館！

我認為爭論與辯論是民主的生命線，也是確立真理的唯一可靠途徑。**爭論可以幫助我們解決問題，發掘我們從未思考過的想法，同時加快我們求同存異，達成結論，了解彼此的立場**（就算勉強自己也無所謂）。

知道如何在公共場合爭論與演講更有實際優勢，畢竟它們就是重要的軟技能，讓各位在職涯中日益精進，創造契機，當你具有改變人們想法的技能與能力，就能無往不利，或者，正如邱吉爾所言，人類與生俱來的才華中，唯有演說最為珍貴，能充分享受運用它的人，將擁有比偉大國王更亙久的權杖。

但追根究柢，立意良善的好論點也可以很有趣。

我其實很喜歡跟別人唱反調，找出他們主張的漏洞，暴露他們邏輯的缺陷。或許我會因此而成為邊緣人，但我卻認為突顯歧見也有存在的價值。基於這個論點，十九世紀法國散文家約瑟夫・朱伯特（Joseph Joubert）與我同一陣線，他曾說過：「針對問題加以辯論卻不解決，遠遠勝過不經爭論就直接解決問題。」

我很早就學到了這一課。或許有人可能會說，我一家人都熱愛爭論，沒錯，哈桑家族就是喜歡！

我父親會在餐桌上、開車旅行時或出國度假期間挑釁我和姊姊。他從不迴避特定問題的優缺點討論。是他教會我質疑一切，永遠抱持好奇懷疑的態度，絕對不要盲從，享受每一次挑戰和駁斥。

一九八〇年代末期，英國穆斯林譴責薩爾曼・魯西迪（Salman Rushdie）惡名昭彰的恐伊斯蘭小說《撒旦詩篇》（*The Satanic Verses*）時，有人甚至在英國北部城市大街上公開焚書。我父親也買了一本，不僅從頭看到尾，還將它放在書架上的顯眼處。

他的穆斯林朋友到家裡來，看見那本書時眼睛都睜得老大。「為什麼……為什麼……要買那本書？」大家對它嗤之以鼻。「根本沒看過，怎麼可以不把它當一回事呢？」父親會如此平靜回答。

可以說，我父親是約翰・史都華・密爾（John Stuart Mill）經典哲學論文《論自由》（*On Liberty*）中，概述的活生生體現。只看出事情一面的人，其實根本懂得很少。他的論述或許很厲害，甚至無人能夠反駁。但他無法反駁反方的意見，甚至根本不求甚解，也沒有偏好正方或反方的立場。

我從小就欣賞「反駁對立面」的價值，從而學會熟悉所有爭論的正反兩面。我先是將這種本領帶入我的大學生活。我是牛津大學辯論社的成員，認識英國建制派的偉大與良善，後來我又分別在英國與美國媒體工作，近年來，我贏得了螢光幕上最犀利採訪者的聲譽。

美國與全世界數以百萬計的人們都想學習如何贏得辯論，他們熱衷於提升辯論技巧，掌握公開演說的藝術，但這些人都急需被推一把。

你可能是其中之一。但是，為了要被推一把，為什麼特別要讀這本書？

我承認市面上已經有很多關於如何爭論、辯論，又或是教導人公開演講的書籍，這些書也是由學者、作家或辯論教練撰寫的。事實上，本書奠基於我個人的獨特經歷：我從學生時代就與前英國首相強森及前巴基斯坦總理布托等人辯論，到職業生涯中採訪來自政界、金融界，還有好萊塢的知名人物。

這是選擇本書的第一個原因：我熟悉本書提到的每一個辯論技巧，才能站到鏡頭前，挑戰來自世界各地的領袖。

但還有一個更大的原因。誠然，儘管早有許多書籍探討說服、談判或妥協的藝術，但本書不是其中之一。簡而言之，這本書要教你如何取得勝利。

因此，本書旨在成為實用指南——給希望在法庭上獲勝的出庭律師；給希望在董事會中佔主導地位的企業主管；給希望競選公職並贏得電視辯論的政治候選人；給希望成功表達觀點的教師與演講者；給希望在演講和辯論賽或模擬聯合國競賽中脫穎而出的學生；給那些愛吵架的夫妻，大家懂的。

我的目標是要將各位，也就是讀者，無論背景或能力如何，搖身成為辯論的擁護者、修辭大師以及辯論藝術的贏家。

本書第一部分在闡述基礎知識，我將告訴各位如何吸引觀眾，區分悲情和亮點，成為更好的傾聽者或演說家。我會向各位解釋為何幽默往往是贏得辯論的關鍵，我還將為備受詬病的人身攻訐辯護。

第二部分將向您介紹經過時間考驗、歷久彌新的技巧，如從「三法則」到「機智語的藝術」再到「亂槍打鳥」，讓各位了解如何在現實世界運用它們，成為你的最佳利器。你會逐步理解三法則的價值與以退為進的力量——認識藍波如何對世界帶來爭論與辯論的偉大貢獻。

第三部分則著重你的幕後準備工作，以確保你在真正的黃金時段上場時自信飽滿，大展身手。我要教你建立信心，排練演講，研究論點。對我來說，沒有什麼比練習和準備更重要的了。

最後，我們來到了結論，或者說是「精采壓軸」。該如何收尾？要怎麼讓觀眾流連品味，期待你再多說一點？我將列出總結演講的不同方式，贏得全體觀眾的支持掌聲。

這本書充滿幕後軼事與我自己辯論的實例——從英國的牛津聯盟到烏克蘭基輔。我將分享我與艾瑞克・普林斯（Erik Prince）、約翰・波頓（John Bolton）、麥克・弗林（Michael Flynn）、道格拉斯・默瑞（Douglas Murray）、斯拉沃熱・齊澤克（Slavoj Žižek）、史蒂芬・平克（Steven Pinker）及維塔利・克利奇科（Vitali Klitschko）等人的電視訪談竅門。我也會解密名人智者，如古希臘哲學家亞里斯多德、英國喜劇演員約翰・克里斯與流行歌手蕾哈娜的修辭藝術課程。

人們經常問我：「你做的這些事真的能拿來教導別人嗎？」

我只會簡短回答：「可以。」

較長的答案是：「可以，前提是要找到合適的老師，並且願意傾聽、學習和投入時間。」

任何人都可以贏得爭論。且讓我傾囊相授。

目錄

1
PART

基本功

01 說服觀眾

設計一場沒有觀眾的演講，就像寫一封「沒有署名的情書」。

——肯哈默，設計專家

那是二〇一二年一個寒風凜冽的冬夜。我人在英國西南方的鄉村小鎮，受邀參加BBC廣播電臺第四臺指標性的談話型政論節目《提問時間》（*Any Questions?*），此節目有現場觀眾參加，同時他們也可以對出席的政治人物及來賓提問。

當晚我們到了克魯肯小鎮（人口約七萬）。在我走上瓦德漢社區大學講臺時，轉頭看了看大廳群眾。今天坐得很滿，但只用三個詞彙便可以完整描述他們：銀髮族、白人、保守派。

我湊向另一位出席來賓，工黨的黑人議員大衛・拉米小聲說：「你我可能是這裡唯二年齡低於四十歲的有色人種。」

節目開始後，激烈的政治議題辯論也隨即上演。當週的大新聞是一位激進派約旦教士，曾被封為「賓拉登歐洲佈道使者」的阿布・卡塔達（Abu Qatada）的下場，他尋求政治庇護，但已被拘留在英國十年之久，期間未受任何審判。以保守黨為首的聯合政府想遣返此人回到約旦——儘管合理推測，他有可能會遭受安曼當局的嚴苛刑求。當天晚上的第二個問題，便立刻有一位觀眾起身直接針對這項議題提問：「英國政府是否應忽略歐洲人權法庭的指示，將阿布・卡塔達遣返約旦？」

我的思緒飛快，就坐在C位，眾人視線的焦點。我知道數百萬人正在線上收聽這段廣播，許多人同意我的自由立場：阿布・卡塔達就是應該在英國接受審判，不應在約旦受到刑求。但是我如何說服這群坐在臺下，每天閱讀《每日郵報》（*Daily Mail*）的保守克魯肯小鎮民眾？我該如何讓他們認同我的說詞？

提問人說完後，現場掌聲如雷，大夥似乎都想要阿布・卡塔達離開！我知道如果我單純引用國際特赦組織的報告或歐洲人權公約的條文，我會失去這群觀眾。相反地，我得採取自己一貫的自由論述，針對就我的理解，這群觀眾最為珍視愛護的價值——英國傳統與英國歷史——訴之以情理。

於是，在主持人喬納森・汀伯比面對我，要我回應觀眾提出的爭議問題時，我是這麼回答的。我說，要求阿布・卡塔達不得在英國法院遭到起訴，其實是很「荒謬」的。為什麼？

我強調的重點，首先就是原則問題，我還是學生時——其實節目也是在學校錄製——我學到了《大憲章》；我認識了陪審團審判的原理；我知道何謂人身保護令；我清楚什麼叫做言論自由。以及這個國家從古至今為「自由」奮戰的「光榮歷史」。但更神奇的是，二十年後，所謂「與恐怖主義對戰」的有害影響，讓我得參加這樣的節目或走進電視攝影棚，和幾位記者針鋒相對，說：「等一下，我們口口聲聲提倡的自由呢？我們為什麼突然摒棄了那些讓這個國家偉大的自由立場與堅持？」

觀眾席爆出掌聲，我回歸英國史來第一條人權法案《大憲章》，我與觀眾產生了連結。現在我擁有他們全部的注意力與支持，於是我繼續：「無論阿布•卡塔達是多麼讓人討厭憎恨的傢伙，人權的重點正在於，這些令人討厭的傢伙也最需要人權，最需要法律的保障，因為假使連法律都保護不了他們，將他們留在英國也沒有意義了。」

這就是在心存質疑的觀眾面前該強調的論述，你必須懂得因應，必須靈活敏銳，認識你的觀眾，為他們量身打造應有的說法。

後來，我贏得了克魯肯那群觀眾的心，乍看之下似乎是一場毫無勝算的棋局，但我成功了。並不是因為當地人喜歡我或同意我的政治立場，而是因為我了解他們，知道他們的背景，以及他們想要、需要聽見的一切，這樣才能真正說服他們。

這並不容易，但也不算天方夜譚。

這一章我要簡述三大要點，助你說服現場觀眾——無論是坐在你家客廳的家人、或者講廳的數百名群眾，甚至是從自家電視看你的幾百萬名觀眾。

記住：無論何時，只要有觀眾在場，你絕對不能忽略他們，或視其為理所當然。觀眾就是關鍵，即便是一對一的辯論，他們就是所謂的「法官和陪審團」。他們是你必須設法說服並尋求認同的人。

因此，該如何達成以上目標？要如何贏得他們的心？

了解你的觀眾

首先，你必須試著了解觀眾的背景。這麼說好了，假設這是一場辯論比賽，你總會急著了解裁判或觀眾的想法，好得到他們的寶貴一票。於是，要成功「了解你的觀眾」，在你走進房間，對群眾闡述理念前，你得做點基本功。

第一，認識觀眾來源。以下是我對邀請我演講的主辦單位提出的問題：

觀眾人數多少？

都是什麼樣的人？

組成人口概況？年輕或年長？學生或專業人士？熱衷政治或對政治無感？男或女？白人、黑人或拉丁裔人士？

以上都很重要，因為一旦了解自己預期的觀眾細節，便可專注自己要使用的語言，為他們量身打造你的論點。

舉例而言，如果我的對象是高中或大學生，我可能不該舉童年時發生的事件當作例子，畢竟他們多數尚未出生。而我更不該用討好或說教的口氣。換言之，如果我是對著一群成年人或長者，針對重要議題談話，我就得避免提到電影或哏圖，因為他們或許根本不知道我在說什麼。

「了解觀眾」的關鍵優勢，在於它可讓你修正你使用的語言，助你達成目標。

無論你是否嘗試以論點說服別人，或是努力要推銷產品，你都該與時俱進，識時務看清對象，調整自己說服別人的方式。商業策略顧問伊恩・奧特曼也曾經這麼寫道，你絕對不能「一體適用」，你得靈活敏銳，針對不同觀眾運用不同論述。

語氣、音量、內容及強調的重點，全部缺一不可，關鍵至極。這麼想好了：你不會用對公司高層表達的方式勸服你的配偶。你會調整語氣，或強硬或溫柔，或嚴肅或家常，也許熱情洋溢或者主觀客套。音量也同樣重要，得看你是在小會議室對五個人說話，還是人在大學禮堂，對五百位同學演講，也有可能是對著螢光幕另一端的五百萬人解釋。

做這些調整是有必要的，即使你的觀眾群不同，論點也不盡類似。這些策略代表了公開演說最困難的部份，那就是「調整變通」。只要你是眾人的焦點，無論是形式上還是實質上，你都需要靈活變通調整。講稿或論述都得隨時變化，才能說服你想要說服的對象。

你可能知道如何勸說自己的小孩或夥伴做某些事，對吧？這是因為你比任何人都更了解他們。若你願意盡可能了解你打算說服的觀眾，讓他們聽信你的論述，你終究會發現，自己做好功課會讓你更有進展，無往不利。

但我得在此說清楚：我不希望你改變自己的所有論點，或是只告訴人們他們想聽的話。我想要你以人們可以接受的方式表達自己，因為你刻意為了他們的利益或身分而修正自己。正如伊恩・奧特曼所說，在不同場合，對著不同屬性的人們說一樣的話，絕對是一大錯誤。

就拿移民議題舉例，我可不是建議你應該在一群自由派的群眾面前積極提倡移民，或是對著保守黨民眾面前滔滔不絕反移民。重點是，假使你面對的是右翼或保守黨，在你設法強調移民的優點時，引用歐巴馬或奧卡西・奧科爾特斯的言論或許不太明智。相反地，你可以試著引用聲望卓著的保守派人士，例如雷根總統。他曾經在一九八〇年的紐澤西自由州立公園發表支持移民的著名言論。

你可以說：「你們可以不相信我的話：但記不記得雷根總統在自由女神像前，曾經盛讚移民到了美國，帶來了『勇氣與企圖心，重視鄰里家庭的價值，努力工作，更珍惜自由與和平的意義』，於是幫助美國再次壯大？」

改變你的說法，找出彼此共同的語言，你會立即讓這項議題更有包容力。

所以請記住：陳述事實、數字與引用他人言論不只能強化你個人的論述，更能吸引你面前的特定觀眾。這作法足以超越黨派——無論是共和黨或民主黨、工黨或保守黨。如果你與猶太人、基督徒或穆斯林爭論信仰或宗教議題，你也會想引用聖經或可蘭經。然而，假設你與無神論者爭論，引用上述的宗教經典就沒有意義了，對吧？

二〇一四年夏天，我獲邀在德州大休士頓地區世界事務委員會，針對穆斯林在歐美的移民議題發表演說。我事前做好準備，知道對象不只是自由與保守派人士，還有一群會對我的言論強加質疑批評的觀眾。所以我確保自己的談話參照了右翼記者的言論，以及最新的資料來源以強化我的論點——說明為何認定穆斯林無法融入西方社會只是純然的迷思。

「不需要相信我。」這是應付難搞觀眾的最好說法。「兩星期前，在《每日電訊報》上，首席右翼保守英國記者暨評論家，右翼媒體《旁觀者》的編輯法蘭瑟・尼爾森發表了一篇標題為《英國穆斯林其實是我們的一員——我以此為榮》的文章。尼爾森寫道，而我在此引用：『穆斯林的融入可視為當今英國最偉大的成功故事』。」

大家聽到保守二字，以及我引述了《電訊報》和《旁觀者》此類刊物，立刻豎起耳朵，這完全在他們意料之外，我因此吸引了他們全部的注意力。

事前我便被告知，現場也會有部份猶太人觀眾，於是我決定告訴他們來自英國的（真實）故事。

看看去年在北部城市布拉德福的猶太小區發生的事：建於一八八〇年，歷史悠久的猶太會堂面臨關閉。屋頂漏水嚴重，十幾名固定教友無法負擔修繕費用。

主事者盧迪・里孚，決定賣掉建築物。在它就要被建商買走，成為豪華公寓前，會堂突如其來地被當地清真寺主導的募款活動拯救了。布拉德福清真寺委員會秘書，同時也是募款活動召集人祖非・卡芮姆如今被二次世界大戰時，從納粹歐洲逃到英國的盧迪・里孚視為「重新找回的兄弟」。

我從講臺看得見觀眾的眼睛睜得很大，不經意地流露微笑。他們用肘輕推彼此，點頭表達贊同。

了解你的觀眾至關要緊，但這只是第一步。這是你站在臺上、面對鏡頭或在講臺前必須做的。下一步則是上臺後你立刻該做的。

抓住他們的注意力

跟各位分享一些壞消息：你或許耳聞流傳許久的統計數字，說金魚只有九秒鐘的注意力。但根據微軟的研究，人類平均在「八秒鐘」後就「無法專心」。於是，在觀眾轉移注意力，開始思考自己晚餐要吃什麼，或甚至開始滑手機前，你只有非常、非常短的時間能抓住觀眾的注意力。

現在是網路時代，走到哪裡大家都在滑手機。沒錯，你可以講二十、三十，甚至四十分鐘，但如果你的對象開始分心，或更糟的是打從一開始就覺得無聊，那麼你剩下的演說只會浪費時間。對你來說如此，對他們而言亦然。

無論是在會議室報告，還是和朋友進行辯論，都要以非常明確直接並獨特的方式開始。如一群溝通專家指出，你必須避免死記硬背、空泛的老生常談與陳腔濫調。

「謝謝各位的邀請。」

「很高興今天與各位同聚一堂。」

「大家好嗎？」

不行。不行。絕對不可以！

你必須在第一時間抓住觀眾，最理想的情況是在一開始的十秒或二十秒內。

該怎麼做？

一、強而有力的開場

善用預料之外、具有爭議性、甚至逆向操作的開場。傳奇人物卡內基也曾經說「第一句話要引人入勝，不是第二句、不是第三句，而是第一句！」

英國名廚傑米・奧立佛在二〇一〇年的TED TALK是這樣開始的：

「悲哀的是，當我演講的這十八分鐘內，有四位美國人會因他們所吃的食物死亡。我是傑米・奧立佛，我四十三歲，來自英國艾色克斯郡。過去七年來，我持續用自己的方式拯救生命。我不是醫生；我只是一名廚師，我沒有昂貴的儀器或藥物。我只懂得善用資訊，以及教育。」

你難道不會想挺直身軀，聽聽他想說什麼嗎？

二、從問題開始

理想情況下，需要一個「挑釁意味濃厚」的問題，溝通專家們是如此認為的。「用問題創造知識鴻溝：一個介於聽者了解及不了解之間的鴻溝。」阿卡錫・克利亞（Akash Karia）在他的書《如何在TED TALK發表完美演說》如此寫道：「這種鴻溝會創造好奇心，因為人們生來就有填滿知識鴻溝的熱切渴望。」

前美國太空總署科學家詹姆士・漢森（James Hansen）知道自己不是最厲害的演說家，但他在二〇一二年與氣候變遷相關的演講中，善用問題抓住觀眾的心。他是怎麼做到的？以下是他一開始丟出的問題：

「我這個來自美國中西部的寡言科學家，在白宮前抗議被捕，怎麼知道會有什麼下場？如果是各位，你們又會怎麼做？你們難道不會想知道這種赤裸問題的答案嗎？或是趕緊拿起手機一查究竟？」

三、從故事開始

最理想的是提供個人趣事。如果它很好笑，你就賺到了，讓大家立刻放鬆，開懷大笑，從第一秒便能贏得他們的注意力。說故事能讓人們馬上有參與感，因為大家都愛聽引人入勝、抽絲剝繭的好故事。而且，人類大腦與生俱來便容易愛上好故事——會激發想像力，從一開始就讓人產生同理心的故事。

企業家瑞克・艾里亞斯（Ric Elias）以一段親身經歷的空中驚魂，成功完成他二〇一一年的TED TALK。

想像飛機爬升到三萬英呎時發生大爆炸。想像機艙內煙霧瀰漫。想像一具引擎不斷劈啪劈啪、劈啪劈啪、劈啪作響。聽起來恐怖極了。而且那天我的座位超讚。我坐在第一排。

難道你不會立刻聽得入神，彷彿自己人就在飛機上？

如果你想讓所有人立即專注聽你說話，那一定要注意自己的第一句話。用一句俏皮話、難以抗拒的問題或發自內心的故事讓觀眾驚豔，你會看見人們的視線全都轉向你，而不是他們的手機螢幕——此時此刻，你就是全場的焦點。

當然，讓人們注意你是一回事，讓他們維持專注又是另一回事了。那該怎麼做呢？

讓觀眾產生共鳴

記住，目標是讓觀眾站到你這邊，尤其是辯論的時候。重點不在改變對手的想法，而是那些觀看與聆聽辯論的觀眾。這在參與辯論比賽時格外重要，因為決定勝負的有可能就是這群人——這當然也適用於任何論述的場合，如談話性節目或感恩節的餐桌。

要讓觀眾對你全神貫注，別無他想，重點在於連結共鳴。你得用能扣住他們心思的論述吸引他們，前述提過，就是要清楚認識你的觀眾。但即使你做好自己的功課：讓自己的演說據實完美，了解自己的觀眾背景，準備好對方可能提出的反向意見，你仍然需要運用重要策略，方可即時部署。

一、眼神交流

當你對人群說話時，要凝視他們的雙眼，也得與場內的所有人眼神交流。不要讓部分觀眾覺得自己被忽略了。

演說專家菲亞・法斯賓德（Fia Fasbinder）指出，眼神交流「讓觀眾感覺有人會傾聽他們的心聲，並讓他們投入你演講的內容」。法斯賓德表示，這等於「以非口語的方式一一大聲叫出他們的名字」。

盡自己最大的努力避免「必死演講」的作法：不要看小抄或投影片。切記，觀眾想要的話，可以自己看你的註記或投影片。你可以發下你的演說大綱，然後回家睡午覺！觀眾是來看你的，他們想要「讓你看見他們」，所以請盡可能將眼神放在他們身上。

但是，我必須再次強調，當你看向他們時，可別想像他們光溜溜的模樣。許多人錯用了邱吉爾的說法，認定面對大群觀眾，要解決自己的神經緊張，就是得這麼做。他們說這是賦予演講者權力，解決上臺的「無力感」。他們真是大錯特錯。

我從來沒有遇過有人說這很有效。而且，我傾向讓家人朋友坐在觀眾席——你可能也會喜歡這麼做。我的父母通常坐在第一排，我幹嘛幻想爸媽赤身裸體聽我演講？難道這就能讓我專心說話嗎？

反之，你要確保自己在上場前萬事具備，不需要看投影片，而且能自在看向自己的觀眾，不用陷入恐慌模式。你會想要觀眾眼神交流，彷彿你們在進行一對一的對話。開始想像他們赤身裸體，那麼你第一步就走錯了。

二、加強讚美

當你想要讓某人驚豔或贏得對方青睞時，你會怎麼做？你會不斷讚美他們。你對他們友善和氣，會讓他們感覺自己很特別。

這同樣適用於觀眾。讚美是帶領觀眾全神貫注最簡單有效的工具，搞不好對任何人而言都是如此！

我說不出有多少次當我獲邀到美國各城市演講或辯論時，我總是以那座城市是我最愛的美國城市作為開場。

大約十年前，我從英國到美國密西根的底特律時，我與群眾分享自己對這座歷史悠久的汽車城的認識來自艾迪・墨菲的電影《比佛利山超級警探》（*Detective Axel Foley*）。他們哄堂大笑，拍手叫好。這個帶著有趣口音的英國佬竟然知道《比佛利山超級警探》，也知道底特律的由來？他們心中一定這麼想，然後甘願繼續聽我針對一些抽象的政治議題發表演說。

當我在二〇一七與二〇一八年造訪加拿大時，我告訴參加活動的自由派多倫多市民，他們何其幸運能住在有大麻合法、對待敘利亞難民寬容、以及有賈斯汀・杜魯道的國家，畢竟我才剛離開只有川普的美國。那一瞬間觀眾立刻與我產生共鳴。

當然，有部分觀眾完全知道你的伎倆，但如果你手法高明又何妨。你的論點是主導這些讚美歌頌，讓它反映你人在的城市或觀眾背景，以及他們對自己的認同。

三、個人至上

沒有比對個人故事或軼事開誠布公更能影響或啟發觀眾的事了。

這裡要解釋清楚，我不是說你需要告訴大夥你的家庭假期，或在臺上秀出嬰兒的照片。你可以分享關鍵的自傳細節，或是當下感受到的情緒，又或是自我解嘲的笑話。這做法屢試不爽，讓你能與陌生觀眾產生連結共鳴，也是得以說服他們的基本功。

比較嚴苛的現實是，人們不會莫名聽信你的論述，但他們會與你產生連結。藉由分享聳動的過去或是個人瑕疵，可以讓觀眾對你有所認同。讓他們知道你和他們沒什麼兩樣，都是平凡人罷了。

二〇一三年我在牛津大學辯論社發表演講，內容與贏得辯論相關，後來甚至在網路爆紅——寫這本書的同時，YouTube已有接近千萬的點閱率。辯論題目是「正方相信伊斯蘭教是和平的宗教」，我選擇在一屋子的學生觀眾前分享個人看法。在準備總結時，我說：

「讓我這麼說好了：想想看辯題反方。如果你今晚投『反對』，想想看你的反方立場：所以伊斯蘭教不是和平宗教；它代表了戰爭、恐怖、暴力與激進。所以信奉伊斯蘭教的人們，即我、我的妻子、我退休的父母、我的六歲小孩，以及各位的一百八十萬英國同胞與全球十六億人口——都是暴力宗教的追隨者、倡議者與信徒。你們真的這麼認為？難道這就是事實嗎？」

我就這樣透露了自己的心思：我自己、我的家庭與我的小孩，也即時讓觀眾思考他們的個人抉擇。此時，他們已經聽我演講十分鐘之久，而現場也沒有任何恐怖行動或暴力攻擊。我讓他們實質參與辯題，並非只當個定位模糊的第三方，而是能夠跟我與這個國家數百萬名穆斯林站在同一邊。

當然，你還可以在更輕鬆的場合運用個人思維。我在二〇一八年上美國國家廣播電視臺的

《塞斯・梅耶斯深夜秀》（*Late Night with Seth Meyers*）時，我提起自己女兒來與總統的角色做對比，讓現場根本不認識我的觀眾會心一笑。

我說：「川普讓布希討喜多了。川普讓世界上每個人都很討喜！我也不認為我們要這樣降低標準，說什麼『喔，川普參加了一場葬禮，竟然沒有上推特大放厥詞或羞辱任何人，或者是對人猛流口水，這樣看來，他當總統還算稱職。』如果這樣就能當標準，我家那個六歲小女兒，也可以競選美國總統了。」

塞斯・梅耶斯（大笑）：「那麼，我們還真想見見你家千金。感覺她很讚呢！」

要和觀眾有所連結，就要與他們產生共鳴。是與你本人，而不只是你的論點。就這麼簡單，你做得到。了解你的觀眾；抓住他們的注意力；與你有所共鳴，這就是三個讓他們信服的簡單步驟。

如果真想贏得辯論，你就是得加以說服他們。強調主導權及影響力，讓觀眾站到你這一邊著實困難，知道他們認同你、看見他們在你演講時持續點頭，會讓你比對手更有優勢。

在我來看，觀眾就等同於軍事策略家所謂的「力量乘數」，它是能額外加乘的元素，擴大你部署的軍事能量，更足以壓制你的對手。

我們總是將所有的時間和精力用在擊敗對手。因此經常忽略觀眾的存在，但他們才是能取決勝負的真正裁判。我們也常常將全部能量刻意放在塑造一場引人入勝的演講，但我們真正該做的是打造一場對一群陌生人更有吸引力的論述。

觀眾有多重要？讓我以導演比利・懷德（Billy Wilder）的話總結：「觀眾永遠不會錯。」他如此評論道。「也許一位觀眾是笨蛋，但假使有一千個躲於暗處的笨蛋，那麼他們就是最關鍵的天才。」

02 強調感受，而非只闡述事實

只要是與人類相關的事情，不要忘記人類不是邏輯的生物，我們是和有情感的生物打交道。

——作家戴爾．卡內基（Dale Carnegie）

美國傳奇政治評論家羅傑・賽門（Roger Simon）將其視為「終結總統大選的問題」，是「史上總統大選辯論中最具爭議的問題」。

他說的是美國有線電視新聞網主播伯納．蕭（Bernard Shaw），在副總統布希與麻州州長杜凱吉斯參加的第二輪，也是最後一場總統提出的問題。那是在一九八八年十月的洛杉磯，伯納・蕭早是業界公認最難纏且直言不諱的新聞工作者。而前晚凌晨兩點他在假日智選飯店寫下的問題，讓他在辯論史上從此佔有一席之地。

以下是這位資深新聞從業人員於洛杉磯那一晚的開場：

伯納・蕭：「接下來的九十分鐘，我們會對兩位候選人提問部分設計好的問題，內容已經過雙方陣營代表同意。然而今晚我與同事現場會發問的題目則沒有局限，候選人也對我們打算問的問題沒有事先準備。剛才已經取得兩位候選人的共識，第一個問題將先請杜凱吉斯州長回答。你有兩分鐘。州長，如果凱蒂·杜凱吉斯（Kitty Dukakis）不幸遭到性侵後被謀殺，你是否傾向將殺人犯處以死刑？」

現場一片譁然，現場觀眾目瞪口呆，這麼高度爭議的私人問題彷彿立刻跨越了無形的界線。在家收看這場辯論的觀眾立刻想看當下凱蒂·杜凱吉斯的表情。但是，如賽門在二〇〇七年在《政客》提到，當時「雙方同意在辯論時不得拍到候選人的家庭成員，因此鏡頭仍鎖定在杜凱吉斯身上」。

這位民主黨總統候選人整理思緒後，針對伯納·蕭的問題做出回應。

杜凱吉斯：「不，我不會，伯納。而我想你也知道本人畢生堅持反對死刑的立場。我不認為任何事可以遏止我的堅持，也認為當前存在更有效的方式解決暴力犯罪。我在自己管轄的州已經做到了。這也是美國以工業為主的各州犯罪率大幅下滑的原因之一；我們的謀殺率最低。但是美國還需要更加把勁。我們需要針對毒品打一場真正的戰爭，而非做做樣子。而這是我想要主導的議題，也是多年來懸而未決的問題，雖然副總統本人也宣稱自己是毒品戰的主導者。當下我們還有太多該做的，例如對於採取行動增加緝毒人員的數量、在國內與海外打擊毒品、與北半球鄰近國家合作，我還想要在一月二十日後盡快召開一場北半球高峰會，好好打這場仗。

同時，我們也需要在國內推廣毒品防治教育，這是我個人希望成為美國總統後要著手的議題。我執政的麻州已經達到一定成效，我們向年輕人及其家庭伸出援手，幫助他們從小學開始就可以接受毒品防治教育。這場戰爭我們可以贏的。我們能藉由警力，州政府與執法人員的動員提供真正援助，打擊州內的暴力犯罪，幫助年輕人遠離毒品，遏止如雪崩般的毒品問題蔓延到國家層級，讓我們的孩子、家庭及鄰國，在安全可靠的社區健康成長。」

這個回應很冗長，兩分鐘，三百多字。但你注意到缺了什麼嗎？沒錯，一點感情都沒有！這是一個糟透了的答案。起初幾句話杜凱吉斯看起來還行。但很快地，他的態度崩解，整個歪掉，沒有選民要聽州長不斷重申他對死刑的立場。他們絕對也不需要知道麻州下滑的犯罪率照本宣科的回應，或是他計畫針對毒品問題召開的「北半球高峰會」。

他們亟欲聽見與看見的是未來領導者的回應！假使他的妻子被暴力性侵，不幸遭到殺害，他會有什麼感受？他又要如何回應伯納・蕭拋出的私人問題？

他的熱情和憤怒呢？他的內心澎湃嗎？在滔滔不絕的雄辯言詞背後，杜凱吉斯本人的情感思維呢？

一九八八年的總統競選期間，沒有人曾經質疑這位民主黨參選人對政策的指揮能力與投入的心力，但就如《華盛頓郵報》（*Washington Post*）評論家理查・克漢（Richard Cohen）在這場辯論後幾天所言，民眾開始質疑杜凱吉斯的真誠與人性，以及是否願意承認自己也是平凡人。這位候選人並非活在真空世界，他大可以提到自己曾遭暴力搶劫的年邁父親，或是他那位被肇事逃逸駕駛撞死的哥哥史帝利安（Stelian）。但他沒有。

「我原本希望這問題能讓杜凱吉斯深入自己的內心，檢視自己對這項議題是否有所感觸。」伯納・蕭本人後來曾在一次訪問解釋。「布希狠狠修理過杜凱吉斯，質疑他對犯罪事件太過軟弱。許多選民聽見或看見杜凱吉斯，卻感受不到他的情緒。我問那個問題原本是想讓他藉此抒發個人心情。」

結果並沒有。甚至讓杜凱吉斯付出慘痛代價。就賽門所述，他的支持度在辯論後掉了七個百分點。

「這能讓人看出杜凱吉斯的價值觀與情感，」他的競選總幹事蘇珊・艾斯特里奇事後承認。「這是競選期間很明確的議題。但是他卻開始扯到政策面，我立刻知道我們一定會輸掉選舉。」

即便如此，多年之後，當杜凱吉斯回憶自己當初的回應時，他仍然想不通：「我得說，也許我沒看到重點……但我不認為這樣回應有什麼不好的。」

本章節就是在告訴大家，他的回應真的是蠻糟糕的。

最近常常有人在嘴上掛著「事實才不會在乎你的感受」這幾個字。它的重點在於事實就是事實，信不信由你，事實不會說謊。

但是在辯論的國度就沒這麼簡單。只要你曾經想要改變朋友的想法，卻不得其門而入，絕對會了然於心。你可能手上握有所有事實，論述無懈可擊，卻一點用也沒有。人類很頑固謹慎，也很無趣又過度自信，還害怕改變，這就是人類。

當然，事實可能無法顧及任何感受，但不如這樣想：我們的感受也很少在乎事實，對吧。

如果想要贏得辯論，說服觀眾，或是純粹為了說服任何人而進行陳述，竭力勸說……光有事實是不夠的。為了讓更多人挺你，你需要讓他們在乎你，你的事實、數字、論點都必須強而有力。但是你也需要用老派一點的方式：**你必須能吸引人心，而不是他們的腦袋。**

全為情感

亞里斯多德在這方面遙遙領先，在兩千多年前他發表的指標作品《修辭學》（*Rhetoric*）中，這位古希臘哲學家發展出他認為可以吸引觀眾投入的三大作法。他稱它們是勸說的「模式」：人格、情感與邏輯。

人格的訴求仰賴於講者的「性格」與「可信度」。「倫理」二字，正如網路演講專家吉尼・貝克利所言，便是由「人格」衍伸。就此，亞里斯多德寫道：「講者之所以能勸服他人，是因為其個人特質在演說中超脫絕倫，讓我們認為他很可靠。」

如醫師這種專業人士會呼籲：「你應該打疫苗，我是醫師，我做過多年研究，我知道疫苗很安全。」便是以「人格」擔保的論述。

情感的訴求著重於身而為人的情緒與感受：恐懼、憤怒、喜悅等等。貝克利表示，「同情」與「同理」，便是出自「情感」。

亞里斯多德說，在情感為主的辯論中，在演說激發情緒時，聽者會漸漸被說服。當人類心情愉悅和善時，判斷事情言論的能力與處於痛苦和敵意之中截然不同。如果同樣那位醫師發自內心，透過恐懼或同情勸說我們，她是以情感表達論述：「大家都該打疫苗，否則你會像那對維吉尼亞夫婦，不打疫苗的凱文及蜜絲蒂，兩人相隔十五天分別過世，四個小孩一夕變成孤兒。」

訴求邏輯的論述根基是邏輯及事理、事實及數字。其實「邏輯」一詞便是源自希臘字logos，即「事理」。根據亞里斯多德，只要具備邏輯，當我們透過勸服的方式探索議題，提供事實或證據，就會達到應有效果。這位醫師提到研究與統計數字時，便是以邏輯為論點的根基：「大家都應該打疫苗，許多研究顯示新冠肺炎疫苗可降低九成的住院及死亡率。」

在我們發表演說與辯論論述時，總是傾向以邏輯優先。我們暢談議題的邏輯，輔以數字資料的運用。這絕對有其道理。因為我們會想讓自己的論點堅定不移。但是當我們試圖改變他人的想法時，這是不夠的。人類大腦並不是這麼運作的。

事實上，這是我與偉大的亞里斯多德意見相左的地方，他傾向針對三大勸說的模式同等重要，但其實，**訴諸情感往往總會戰勝邏輯**。

但我得就此澄清：我不是說事實不重要，或是它們不該成為論述的基礎。它們確實應該如此，理所當然。

下一章，我會討論如何針對你的事實善加部署，好讓你所向無敵，辯才無礙。

但即便當你掌握所有事實，只有在你投注情感時，它們才會產生影響，能影響你的觀眾唯有情感，它不只能戰勝邏輯，或許也是你能對觀眾傳達邏輯的最佳方式。它是最好的工具。無數的研究顯示一旦深入觀眾的情緒，就有機會贏得他們的心。

勸說的科學

記得《星際迷航》（*Star Treks*）最初的系列嗎？那是在續集和所有番外系列出現前，節目有兩大要角：講究邏輯及理性至上的瓦肯族人——史巴克船長，以及寇克艦長，一位急躁熱血的人類。大部分的我們在準備演說或陳述前，最終都會採取史巴克船長的作法。我們專注於事實、統計和資料，然而說到底，我們都該向寇克艦長看齊，對觀眾用情感訴求來吸引他們。

我們明明不是瓦肯族，為何要假裝自己是他們那種人？我們是人類，仰賴本能反應、情緒感受以及直覺。況且，我們也不是科幻小說的主角，我們運用的是貨真價實的科學。

近幾年，神經科學與認知心理學的研究有越來越多證據顯示我們的行為與信念會受到如寇克艦長般的情緒影響，而非由瓦肯族式的理性思考主導。

情緒在許多方面都會影響我們的決策。例如決策速度快慢，以及當下我們是否足以運用實證與數字作為參考。它們會在潛意識影響我們，即便我們並不知情。我們通常是憑感覺，而非用大腦思考我們對待特定立場或觀點的方式。南加州大腦暨創意研究中心的負責人，知名的葡裔美籍神經科學家安東尼奧・達馬西歐（Antonio Damasio）也提出關於感受重於事實的學術例證：「人類不是思考機器，或是情感機器，而是會思考的情感機器。」

在他廣受好評的作品《笛卡爾的謬誤：情感、理性與人類大腦》（*Descartes' Error: Emotion, Reason, and the Human Brain*）中，達馬西歐寫到他檢查過一些有前額葉皮質損傷的病患，大腦就是無法應付他們的情感思緒，於是他們連最簡單的選擇或決定都無法處理。其中有一位他稱他為「艾略特」的病人，艾略特是愛家好男人，曾接受手術，移除大腦額葉區塊的良性腫瘤。

這場手術看來似乎很成功，艾略特的口說、記憶及算術能力都沒有受到影響。他的智力分數很高，但接下來幾年內，艾略特的生活和事業逐漸崩解。他一開始找達馬西歐諮商時，已經沒了工作，妻子離開了他，而他現在得靠手足監護照料。達馬西歐發現艾略特失去對他人困境的同理心；他成了一個對自己生活「無感」的旁觀者，無法做任何決定，無論是日常瑣碎小事或重大事件皆然。

艾略特成了「現實世界的史巴克船長」，一位科普作家說道。雖然如此，達馬西歐如此描述，儘管一絲情感反應都沒有，他也不能做任何理性判斷。「艾略特的冷血讓他對不同選擇都無法賦予判斷價值，於是他毫無決策能力可言。」他寫道：「簡言之，艾略特的困境就是他都懂，卻毫無感受。」

達馬西歐的結論是：「理性可能並非我們大多數所想的如此單純」。我們的情緒和感受也非「理性堡壘的侵略者」，而是「理性不可或缺的一部分」。對我們的決定而言，其主導和影響力極其重要。

我們之中沒有人能單單仰賴邏輯或理性主導我們的決定，你可以羅列許多事實與數據，但達馬西歐和其他神經科學家告訴我們，我們需要搭配各種情緒，跳出藩籬，做出決定。

因此，回到勸說與辯論，在你打算贏得辯論時，你會試圖引導觀眾做出決定，你想要他們選擇你，而非你的對手，而這個選擇需要訴諸對方的感受與情緒。心會主導大腦，而如果這是大腦與心的對決，我保證，單純的邏輯就是屢戰屢敗。

問題在於：你如何擄獲人心？你如何和觀眾在情緒有所連結，吸引他們的感受？我已嘗試多年想要找到正確的平衡，有三大經驗可以與你分享，教你如何主導情感：

一、說故事

「懂得說故事的人能主宰社會。」這句話出自亞里斯多德的老師柏拉圖。

人類總是為好故事著迷，只要敘事弧結實，起承轉合明確。如我先前所述，人類大腦的演化並非為了吸收冷硬事實，而是要來說故事的。

事實上，普林斯頓大學的神經科學家烏立・漢森（Uri Hasson）在二〇一六年的TED TALK

曾經解釋，我們的大腦在聽到同樣的故事時，傾向於「支持」他人，他稱之為「大腦耦合」。漢森提起卡邁恩・嘉洛的著作《跟TED學表達，讓世界記住你：用更有說服力的方式行銷你和你的構想》，同時使用核磁共振技術，在實驗室記錄許多人說故事，或聽他們說話時的大腦影像。大腦專家約書亞・葛文（Joshua Gowin）也曾經闡述，漢森研究的結果：當這位女士說英文時，自願受試者聽懂了她的故事，他們的大腦也有所共鳴，當她的島葉——即大腦情緒區塊有動作時——聽者也隨之也有所反應。當她的前額皮層亮起，他們的前額皮層也一樣。藉由單純說故事，這名女士可以植入個人理念、想法和情緒至聽者的大腦。

如果將其運用在嚴肅的權力和影響上會起什麼作用？

數千年來，人類不斷與彼此分享故事，每天講無數的故事，而且自己渾然不知。演化心理學家羅賓・鄧巴（Robin Dunbar）提到，我們每天的對話有百分之六十五都是在分享八卦！

於是乎，透過說故事就能勸服他人可能也不奇怪了。在一項二〇〇七年的研究中，華頓商學院行銷心理學教授黛博拉・史摩（Deborah Small）和她的兩位共同作者發現，人們在看到或聽見某個「明確對象」的遭遇後，比起所有的「統計數字」更甘願掏出荷包捐錢。一個有名字、有長相的小孩急需外界幫助，比起數百萬看不見長相而有需要的無名氏讓我們更能產生同理心。簡言之，這就是情感戰勝了邏輯。

為什麼？

「具體（而非抽象）、個人並且以自述形式呈現的故事往往可以引發更多情緒。」史摩向我解釋。「專注於單一人物的困境符合以上所有條件」它讓我們了解，甚至能感受對方面對的困境，對其痛苦感同身受，大量如洪水般的統計數字則難以將其化為真實的畫面與情緒。全國公共廣播電臺報導漢森教授的觀察：好故事會同時「點亮」我們與說故事者同樣的的情緒區塊；假使演講者談論了人生困頓時感受到的恐懼或啟發，我們這些聽者也會「映照回饋」，感同身受。

所以下次當你想要勸說觀眾時，可以講述某些特定人物的經歷，以及這些人物的喜怒哀樂。讓他們知道自己何以必須投入情感。舉例來說，二〇一九年，我在倫敦參加了由非營利機構「智平方」（Intelligence Squared）主辦的辯論，針對沙烏地阿拉伯與其侵犯人權的作為發表演說。

我大可以用西方國家切斷與利雅德的關係開場，藉由引用人權團體鉅細靡遺的冗長報告、國際人權法案數不清的條款、或提出這個國家聳動的死刑數字說明。畢竟它們全是無可否認的事實，也是我能批評沙烏地阿拉伯政府的重要證據。

但這種開場白對那天的群眾而言過於枯燥無聊，而且也太極端了。我知道我需要從一開始便扣緊他們的心弦，於是我說了幾位沙烏地阿拉伯人民的真實故事，他們因為國內的極權政府而遭受莫大的痛苦折磨。

「各位先生女士晚安。我現在站在你們面前，為這場動議提出陳述。此時此刻，我心裡掠過無數的名字和臉孔，他們仰賴你我為他們在今晚這場辯論投票發聲，例如露真•艾哈羅，這位年輕的婦權運動人士在二〇一四年被捕入獄，只因為她想在沙烏地阿拉伯開自己的車。獲釋後，她搬到阿拉伯聯合大公國，去年三月，她在高速公路旁被綁架、戴上手銬並丟進私人飛機，在違反她的意願下被帶回沙烏地阿拉伯。如今，才剛滿二十九歲的她仍然在坐牢，只因她勇於呼籲婦女有駕駛的權利。據她的姊姊所言，現在的露真單獨監禁，遭受毆打，施以水刑、電刑、性騷擾，並時時被當局威脅會被性侵與謀殺。

同樣也是二十九歲的伊絲拉·果罕，她是年輕的什葉派社運人士，和丈夫在二〇一五年因進行和平示威而被逮捕。然而沙國檢察官卻想要將她斬首。如果他們成功，她會是第一位被沙國求處死刑的女性社運人士。根據人權觀察組織所述，伊絲拉並不是因為有暴力行為，或者是任何類似的公開罪行而被指控或定罪。

部落客萊孚·巴達威上個月也在獄中度過他的三十五歲，他已經七年沒有到自己的孩子了。他因為『叛教』罪被判刑，求處十年徒刑及鞭刑一千下，他已經受鞭五十下了，他的健康因坐牢而惡化，而他妻子不認為他能承受另一回合的鞭刑。是鞭刑！

阿瑪．胡山是七歲大的孩子，這個葉門小女孩與我女兒同年，對任何人都不是威脅。去年十一月紐約時報刊登她悲慘的照片，只見她身軀孱弱瘦小，兩個手臂如竹竿般細長。報導刊登不到一星期，她就因為飢餓死亡。身在西方的我們看到她盛滿憂傷哀怨的雙眼，卻無法提供任何協助，而我們幫不上因沙烏地阿拉伯禁運封鎖的葉門兒童，目前還有一千八百萬的孩子因飢荒而營養不良，身陷危機。

另外還有一位賈莫．卡什吉。賈莫去年三月和我一起坐在半島電視臺的休息室，那時他還開玩笑說，如果他與沙國王儲正好都在華盛頓特區，自己會不會有生命危險。不到七個月後，他已經死了，在伊斯坦堡的沙烏地阿拉伯大使館慘遭殺害，據說他的身體被骨鋸切塊，身首異處；各位聽好了，根據美國中央情報局的說法，這場謀殺是由沙國王儲穆罕默德．賓撒末直接下令。

各位先生女士，今晚，我們不要忘記這些人——露真、伊絲拉、萊孚、阿瑪與賈莫——他們全都在與我們友好的沙烏地阿拉伯當局手上，遭到殺害、肢解、虐待、毆打、鞭打、入獄、飢餓致死以及殘暴的性虐待。」

人名、臉孔與遭遇，讓我們無法置之不理，轉移視線。

要我渲染分享故事的力量其實很困難。「人類就是愛聽故事，」英文系教授喬納森・哥斯喬（Jonathan Gottschall）在他二〇一二年的著作《說故事的動物》（*The Storytelling Animal*）寫道：「故事對人而言，彷彿水對魚來說那樣重要。」

史丹福大學行銷學教授珍妮佛・艾克（Jennifer Aaker）甚至量化我們對故事的喜愛程度，發現「故事比事實要好記二十二倍」。

無論你討論的主題有多麼嚴肅專業，你都會需要仰賴好的趣聞軼事以及扣人心弦的敘述，充分表達自己的觀點。如果你苦於沒有故事可說，可以想想你準備討論的主題，例如政治、法律、宗教、物理或隨便什麼都好，只要對人類生活有所影響都行。有姓名年紀的人們；親人好友；希望與夢想。就放開心胸，暢所欲言，講述他們的故事吧。

假使你想不出可以講的故事，考慮看看要不要分享你自己生活中的事件或經驗。不用害怕分享個人隱私。

舉例來說，身為移民英國的印度穆斯林移民，我經常被要求在辯論中討論融合、同化與多元文化。在這些辯論中，我從來不曾羞於提及自己的背景或生命經歷，我也不避諱分享個人隱私，以充分表達我的觀點。

二〇一一年，我在英國廣播電臺《提問時間》節目上，針對英國多元文化社會的未來，被扯進一場火熱激烈的口水戰。我原本可以引用許多學術研究，它們都採用成功的多元文化模型，或我也可以討論移民如何在英國安頓，為自己與子女建立新人生。但我更想用自己的故事，讓我的論點使攝影棚的觀眾更加信服：

「我相信自己就是多元文化的產物……我父親在一九六六到英國。他早年會常常投書報紙，針對當天的新聞分享自己的看法，結果還曾經在信箱收到狗屎。四十五年後，我認為他兒子能在《提問時間》和保守派首長大衛・汀伯比平起平坐，宣稱自己是驕傲的英國人、亞洲人及穆斯林，就是英國多元文化社會成功的見證。」

當有人聆聽你的言語，你真的能感覺與對方有所連結，這是一種很深層的情感交流，彷彿他們對你的遭遇確實感同身受，甚至他們會想像他們也與你處於同樣處境，受到同樣的激勵。這不只是道聽塗說，同時也根基於一般科學的認知。北卡羅萊納大學道德理解科學中心主任暨心理學家克特・葛雷（Kurt Gray）帶領研究人員進行十五種不同實驗，發現我們的對手在辯論時「比起引述事實，若以個人經驗為根基，會更尊重道德信念」。葛雷和其共同作者稱之為「個人經驗引發的尊重能量」。

所以，以情感與他人連結的第一條規則是什麼？告訴他們一個精采的故事，甚至是你自己的故事也行，讓它簡潔有力。專注於你的經驗及感受，到頭來觀眾就會與你心靈相感。

二、慎選用字

「若你的語言能表達情緒及個性，那麼你就用對了。」亞里斯多德在《修辭學》中寫道。「為表達情緒，只要提到忿恨時，你可以運用憤怒的語言；提到任何不敬或醜陋之事，可以運用厭惡的語言，口氣還可以透露你的不以為然，只要講述榮耀的故事時，口氣歡欣喜悅，對某件事感到遺憾時，語氣則悲憫可惜。」

為了和人們有所共鳴，你需要運用可牽動他們情緒的語言。你要找出抓住觀眾注意力：激發、啟發、最終勸服他們。你的用字遣詞要能夠影響他們，改變他們的感受，你所選擇的每個字都很重要。

比方說，二〇二二年二月時，你正面對一群觀眾針對俄國非法入侵烏克蘭暢談演說，而你想說服觀眾支持認同烏克蘭人民。

你可以說：烏克蘭被俄羅斯入侵了。

你也可以說：俄羅斯侵略者轟炸毫無防禦力的無辜烏克蘭人民。

兩種陳述都是事實，但其中之一表達深刻情感，另一種則不帶情緒。第一句抽象疏離——

只論及國家——而第二句促使我們思考涉及的平民百姓與他們的遭遇。（當然，即便是在俄國也禁止人民表達第一句。普丁清楚文字的力量，於是俄國人認為在法律規範下，戰爭其實是「特殊軍事行動」）。

我們並不總是對自己的用字遣詞再三思量，但其實它們擁有無窮的力量。在你建構論點時，尋找能激發情緒感受的文字。歷史上，許多領導人物也早已認知到這一點，同時身體力行——他們要鼓動全國人民，讓大家團結一致——支持生命、自由、平等、真理與正義。

這種技巧在較小的舞臺也能造成效果。如果你正在辯論，認為對手正在誤導觀眾，不要只是指出他們的說法錯誤或不正確，直接說他們說謊！不要只是闡述你的立場有效或正確，直接說自己在說真話！你必須強調名詞，用上生動的形容詞與大膽的動詞。如果你想打動觀眾，就需要鏗鏘有力的語言。

我們回到一九八八年，布希看清了杜凱吉斯不明白的重點。民主黨總統參選人給了眾人冗長無趣的答案，缺乏說服力與熱情。相較之下，他的共和黨對手也被問到死刑的問題，他如此回應：

「這樣說吧，在我來看，伯納德，這次的競選的意義大多都與價值相關。針對這個特定議題，我也確實有著與我的競爭對手很不一樣的回應。大家都知道，我相信某些犯罪行為真的令人髮指，極端野蠻粗暴，在這裡我要特別指出，針對這些讓警察殉職的暴力犯罪，我相信判加害者死刑是最好的方式，我認為這足以遏止同樣的行為再度發生，我相信我們非常需要。我很樂見國會持續推動毒品法案，開始針對毒梟與販毒行為開始動作。所以說到底，我與他確實意見相左：我支持死刑，而他不支持。」

布希花了一點時間，但注意，他一開始就提到「價值」二字，還有情緒化的描述，如：「令人髮指」、「極端」與「野蠻粗暴」。相較於杜凱吉斯，布希回答簡短，最終一句更是有力：「我支持死刑，而他不支持。」這位共和黨參選人運用情感讓觀眾明白他的立場，以及他對這項議題的感受。布希贏了這項辯論以及總統大選，各位應該心知肚明了吧。

三、讓觀眾看見，而不只是闡述

年輕的邱吉爾曾於一八九七年發表一篇文章，名為《修辭的架構》，他寫道：「演說家是大眾情感的體現，在能激發他們任何情緒前，自己必須先被這種熱情淹沒。在他能引發民眾憤慨前，他的心就該充滿激憤。在他能使他們熱淚盈眶前，他也早已淚流滿面。在說服他們之前，他已經堅定信念。」

事實並不足以說服觀眾，文字也尚未足夠。通常，你必須表達你的情感；你更需要和觀眾分享你的情感。

傳統的智慧認為你應該永遠保持沉著冷靜與自制。如我在後面章節提到，基本上，這是很棒的建議。辯論時驚慌失措會讓你站不住腳，情緒失控。

但這不代表壓抑你所有的情緒。你需要真誠、人性化，那意味著展現你的情緒，不要有所隱瞞。當他人看見你的感受時，你會比較容易和他們產生連結。

所以如果你對一項論點特別有感，展現你的熱情。稍微提高音量，運用你的手勢，微笑或大笑。如果主題比較嚴肅，可以顯得哀傷遺憾，運用更沉靜的語調，停頓時間可以拉長，偶爾深呼吸。

如果情況需要，甚至不要害怕表現出你的憤怒，真實的人類就會有真實的感受。義憤填膺或理直氣壯地說話，不是顯得你更真誠嗎？

二〇一三年那場伊斯蘭與和平的辯論，我提前抵達，準備進行事先寫好的演講。當天稍早，我在倫敦前往牛津的火車上反覆練習。但我聽見對座的三位乘客對伊斯蘭和穆斯林做出令人厭惡和虛偽的言論。他們就坐在我正對面，車廂還有數百名乘客。我很憤怒。我丟開了自己準備好的講稿，立刻將憤怒轉移，我一開始便強調我何以會因他們的狹隘偏見忿忿不平。

今晚的演說內容或許讓各位驚呼連連。精心挑選的引述、事實及數字。自以為是，偏激極端。是各種扭曲、謬論、誤解與錯誤引用的大雜燴。

記得我說我是如何結束那場演講？憤怒，帶入個人經驗：各位真的這麼想嗎？你們真的相信是這樣嗎？

我真正相信表達我的感受，將這個感受個人化，就足以說服群眾。我對手的論點粗暴無禮，但如果我採取冷漠以對，不帶情感，我就無法抓住這擦肩而過的良機。有時候你就是需要「你膽敢這麼說？」的態度。

然而，還有個懸而未決的問題：你要如何轉移內心的憤怒？如何求取平衡？在彼此大聲叫囂爭吵時，沒有人是贏家。所以你要把握機會，用實質證據支持你的觀點。最佳時刻又是什麼時候？我自己的看法是：在你認為感性訴求會佔上風時。但我也同意亞里斯多德，他認為演講時，引言與結語是最能針對觀眾進行感性訴求的兩大關鍵時刻。一開始訴之以情，最終也以情感收尾。

換言之，假使你從頭到尾都平鋪直敘，不帶情緒起伏，準備服輸吧。我們已經看見杜凱吉斯的險境——但在政治場域中，這種狀況竟然總是不斷重現。

我對修辭和辯論的觀點立場，影響我最深刻的是德魯・偉斯騰（Drew Westen）的《政治腦》（*The Political Brain*）。

偉斯騰曾任民主黨在國會的顧問，也是埃茉里大學的心理暨精神病學教授。他跟普林斯頓大學的漢森教授一樣，也運用核磁共振進行大腦掃描，研究我們在辯論時的回應模式。他的核心理論是政治辯論的輸贏，並非針對政策領域，關鍵就在於「情感」。他寫道：「政治大腦就是情緒的大腦。」他的研究顯示，選民一次又一次傾向投票給他們喜歡的候選人，而非他們認同的候選人。

然而更有趣的是，許多政治人物仍然不理解這項事實。偉斯騰指出，共和黨員通常勝出，因為他們幾乎獨占了操縱情緒的市場。而民主黨仍然持續天真地將他們的股票投入理念意識的領域，將民主黨員逼到牆角，每次他們提出政策與數字時，只會讓人覺得無味。但有個簡單的事實是，西方世界的保守派向來知道如何擾動情緒，強化自己的根基。

他們的努力並卻不總是有水準可言，資深共和黨的民意調查員暨策略家法蘭克・盧恩茲（Frank Luntz）在二〇〇二年的備忘錄寫了一段至今仍臭名遠播的文字，簡述了保守派如何解決（規避）氣候變遷的議題：「一個引人入勝的故事，就算根本偏離事實，只要聳動激情就遠遠勝過乏味無趣的數字與真相。」

可悲的是，盧恩茲說對了。但更悲哀的是，假使盧恩茲的對手還不了解他們也需要訴諸情感，那麼「引人入勝，不求真相事實的故事」總是能所向無敵。

情感是方程式重要的一環。想贏得辯論，就必須用上它，但它只是戰勝祕方的一部分。最終，有事實真相的精采故事，才會比俗套的感傷故事更強而有力。

簡言之，感受能助你贏得觀眾的心，幫助他們聽見真相。而你可以透過說故事、運用正確的語言，適時表達自己的情感，進而激發觀眾的情緒。在事實對上情感時，後者總是獲勝。

所以，不要讓辯論淪落為不公平的競爭。確保你擁有美好的一切，足以觸動觀眾的心以及他們的大腦。

03 秀出你的證據

我們不是在討論半透明的逐項支出單據，而是討論證明、證據和佐證。

——《Slate 雜誌》

二〇〇二年，美國廣播公司的黛安・索耶（Diane Sawyer）罕見地與已故流行天后惠妮・休斯頓面對面專訪。索耶對這位得獎歌手提出一個極其尷尬的問題，指控她吸毒，後來這段專訪成了全球媒體的頭條。而惠妮的回應也相當經典：

黛安・索耶：「據說妳花了七十三萬美金在毒品上。這能成為頭條新聞。」

惠妮・休斯頓：「拜託喔！七十三萬而已嗎？最好是啦……沒有，不可能。把收據拿給我看。看是跟哪個藥頭買的。證據給我。」

這幾句話後來成了網路爆紅哏圖，也成了我個人的哲學，假使要讓觀眾信服，想要擊敗對手，證明你是對的而他們是錯的，你必須有所準備。你必須拿出證據。你的證明，你的「收據」。

鐵錚錚的事實

我必須承認：這些年來要以理性、邏輯、證據在辯論中說服別人是一件很困難的事。越來越多人覺得事實不重要。證據被忽略了，沒有價值。

別忘了，美國前總統川普的顧問凱莉安・康威（Kellyanne Conway）曾經說出所謂的「替代性事實」一詞，還有川普前律師朱利安尼也曾經口出誑語說出「真相全不是真相」嗎？

近幾年，我們已經見證針對事實、理性與現實的全方位攻擊，這現象在全世界到處可見。二〇一八年，蘭德公司首次將「真相凋零」指涉為「美國公眾事務中，事實與分析逐漸消失的現狀」。就在二〇一六年，「後真相」一詞成了牛津英文字典的年度代表字，定義是「泛指客觀事實在公眾輿論的影響力低於訴諸情感與個人信仰」。

文學評論家角谷美智子在其二〇一八年暢銷書《大說謊家時代》（*The Death of Truth*）寫道，我們活在一個充斥假新聞和謊言的世界，俄國網軍工場源源流出各種誇張內容，還有一個每天忙著發推特的美國總統，各種渲染文字以光速抵達全球社群媒體，轉發發布。

在這種環境下，我們很容易就覺得證據不再重要，也無法建立有見地的論點感動他人。不過我不是要你放棄事實的重要，或者放棄檢視事實。還沒到這種地步。

二〇一七年，《政治行為》期刊公開發表一項超過一萬名受試者的研究，它發現「一般而言，民眾會留意真實資訊，即使它有可能挑戰他們對意識形態的認同」。假使以正確方式呈現，作者表示，事實將「所向無敵」。二〇一八年皮尤民意調查中心也曾經指出，根據其一項廣泛調查，我們並沒有完全脫離事實及非事實的判斷力。

真是令人鬆了口氣，事實還是很重要。如美國建國元老約翰・亞當斯（John Adams）的名言：「事實一翻兩瞪眼；無論我們有何意願、偏好或滿腔熱血，也無法扭轉事實或證據。」亞當斯是在法庭面對法官及陪審團時做出此番言論，當時他正為一七七〇年涉及波士頓大屠殺的英國士兵辯護。他是愛國人士，不久後更參與獨立革命，然而亞當斯還是堅持證據，即使與他的政治理念有所衝突。

法官和陪審團依舊在乎事實，絕大部分的觀眾也是如此。而你也應該如此。

自信、魅力、辯才無礙、說故事達人……這些都有一定的極限。情感向來能超越邏輯，但情感也有不切實際的時候，此時便需要針對論點提出穩當的事實基礎，否則你會被有辦法連結情感與拿得出證據的對手打敗。要贏得辯論，你必須情感與事證兼備。

安東尼奧・達馬西歐，前述那位熟知人類情緒與決策機制的神經科學家也非常認同。他也

「不相信對於感覺的知識會讓我們不傾向經驗認證。」如他在《笛卡爾的謬誤》（*Descartes' Error*）解釋：

在理性訴求的過程中，了解感受的重要，並不代表理性遜於情感，應該退居其次或不去探究。相反地，評估情感對勸服的重要性，讓我們有機會強化其正面效果，並減少潛在的傷害。

回到亞里斯多德，只有情感仍嫌不夠。「要將信譽、情感及邏輯視為三輪車的三個輪子，」公司溝通顧問保羅・瓊斯解釋。你需要這三者同時運作，影響說服群眾。「尤其是情感，」瓊斯如此寫道，「會讓你得入其門，一旦走進去後，假使你仍然無法說服他們，你還是會被請出大門。」

那麼，又該如何說服他們？用理性。即邏輯、理由以及最重要的——證據。

人類歷史的文化與文明回溯至亞里斯多德或更早，都了解理性論述與證據為主的論點有其必要。誠然，即便是擁有信念的我們，也經常被視為非理性，必須透過宗教信仰讓我們將觀念加以佐證。可蘭經說：「如果你是對的，那出示你的證明吧。」聖經也說：「但要凡事察驗；善美的要持守。」

建立一個有邏輯、以證據為主的論點，這點有普世的重要性。於是，當下任務是擁抱邏輯，並學習如何運用它。你會需要知道如何整理證據，引用來源，支持你的論點。

請注意你需要的不只是蒐集證據。做好功課，進行研究，這是建立任何論點前最關鍵的步驟，而在本書後面的章節，我將說明如何做好做有深度的事前準備。

但是能夠能整合所有事實與數字，在論述你來我往，激烈交戰時，站穩自己的立場又是另一回事了。如果你想贏得辯論，你需要手上握有確鑿的事證，而且還得善加部署，即時對抗你的對手。

你就該這樣綜合事實與感受。你就該如此說服觀眾。畢竟，你的觀眾想看見證據，他們想知道你是否能支持你的論述與主張。他們想要看見你以真實，而非「替代性」的事實支持你的論點！

所以要如何以明確、精簡又具說服力的方式秀出你的證據？這裡有三大例證讓各位學習如何提出證據，擊敗你的對手。

一、找到證據

我在這裡再度重申：如果你手上什麼牌都沒有，又該如何提出任何事實？所以首要任務就是好好掌握你的證據；找出事實、數字並加以引用，強化自己的論點，藉此削弱對手。你需要挖掘和發現證據。同時，關鍵在於你必須謹記對手最明確的挑戰早已蓄勢待發，隨時待命。因此，最佳的證據往往深藏在檔案的黑暗角落。

二〇二〇年十月，前國家安全顧問約翰・波頓（John Bolton）為他在川普政府任職時期的回憶錄《事發之室：白宮回憶錄》（*The Room Where It Happened*）打書時，獲邀出現在我在美國國家廣播公司線上串流平臺「孔雀」（Peacock）主持的節目。

說真的，波頓同意接受我的訪問時，我嚇了一大跳。然而這位留著八字鬍的資深共和黨外交政策鷹派人士，顯然也熱愛唇槍舌戰，自信十足。他畢業於耶魯法學院，甚至也是耶魯政治聯盟辯論社的前任社員，在白宮任職時，他歷經了雷根、布希與川普政府。他熱愛辯論，一心想贏，尤其是針對毫無準備或立場不堅定的訪談者。

所以我花了許多天準備我與波頓的舌戰，我擬好一些針對伊拉克戰爭的問題（他支持打仗）、伊朗核戰（他對此持反對立場），以及他和川普鬧翻的事（我很訝異竟然沒有一開始就鬧翻）。我也知道他因這些主題被挑戰過好多次，所以顯然他會對上述題目有固定的說法及辯解。

但他絕對料不到我會對他過去和MEK的關係集中火力。MEK為何？MEK乃伊朗人民聖戰者組織，是放逐海外的伊朗反對團體，曾被美國政府視為恐怖組織，致力於推翻德黑蘭的伊斯蘭什葉派領袖，並耗費數百萬元遊說，深耕西方親伊朗當局政權的政治人物。

在我搜尋證據時，我發現也抄錄了一篇身為平民的波頓在二〇一〇年夏天在MEK活動分子的巴黎集會發表演說。此時MEK為美國國務院「境外恐怖組織」的正式名單成員，為此我認真梭巡他的白宮回憶錄有沒有提到與MEK相關的文獻，卻什麼都找不到，我翻遍他前幾天或前幾星期電視、電臺、平面媒體的訪談，想找到他與MEK相關的隻字片語，也是徒勞無功，一片空白。

沒有，什麼都沒有。

於是在波頓現身節目現場時，我確定自己對此棘手議題充分準備。而我問他是否能好好說明。

我：「你對伊朗的反感程度與地緣政治有關，而這多少與你跟一個稱作MEK的團體長久以來的關係也很有關連，你在國務院服務時，它也曾被官方認證為恐怖組織吧？但你在書中完全沒提及，我都看過了。一個字都沒提到。你藉由許多演講賺取好幾萬元的演講費用。這對你的伊朗政策又有多大影響？」

波頓：「你知道我在美國的自由派大學演講拿到好幾萬。這價碼真的不高。其實希拉蕊・柯林頓——也許你支持她——把MEK從美國恐怖組織名單剔除了。這你又要怎麼說？」

我：「她在二〇一二年把它刪了，但二〇一〇年，你在他們還是名單成員時，就到他們組織演講。」

波頓：「錯，你對這件事情的查證完全錯誤……」

我：「不對，二〇一〇年，你確實曾經在巴黎的MEK集會發表演說，當時國務院的名單上，他們還是恐怖組織。」

波頓：「在場沒有人聽，如果你想要也可以不聽……我們這段訪問已經花了二十分鐘，你本來說只有十五分鐘。」

世上最過癮的莫過於冷靜回應某個傢伙，此人還自信滿滿稱「你根本搞錯事實」，但你卻可以大方展示自己手上的如山鐵證。

儘管一身罪過缺失，波頓仍是個聰明又有把握的傢伙，但是當我拿出證據打擊他時，他卻沒有辦法做出回應。無法質疑、無法否定、也無法戰勝的證據。這些證據讓他一貫的自鳴得意變成被動防守。他要求提前結束訪問。（我的製作人在耳邊告訴我，訪問絕對還不到二十分鐘！）

證據不僅會結束專訪，甚至能結束事業。在二〇二〇年二月，參議員伊莉莎白・華倫

（Elizabeth Warren）抵達內華達，參加民主黨總統初選的第九次辯論大會，準備將對手打得潰不成軍，這個人在拉斯維加斯的巴黎劇院辯論舞臺上，正好就站在她旁邊。

> 我想要討論我們的競爭對手，一位稱女性為「肥屁股」和「馬臉女同志」的億萬富翁。
>
> 「不，我不是在討論唐納・川普，我指的是紐約市長彭博（Bloomberg）。如果我們有曾經隱瞞稅收、騷擾女性及支持種族歧視政策如紅線歧視與拍身搜查的候選人，民主黨是不會贏的。
>
> 我會支持所有民主黨提名人。但請明白：如果我們只是拿一位自大的億萬富翁取代另一個的話，民主黨將承受巨大風險。這個國家長久以來都在為富人服務，讓其他人灰頭土臉。該選出一位可以站在勞工家庭這邊，願意出來為他們反抗的總統了。所以我才要參選，我也會因為這樣的堅持擊敗唐納・川普。」

她是有備而來，她有證據、她有所援引，她摧毀了川普。

當她在臺上提出證據時，華倫的幕僚在後方的休息室歡呼擊掌——有人甚至擁抱一張椅子！當他們的老闆在辯論過後向他們致意時，其中一個人拿出筆電，展示麥可・彭博被人修改過的維基百科首頁：「死亡：二〇二〇年二月十九日。死因：伊莉莎白・華倫參議員。」

華倫的回應只花了五十九秒，卻成功將紐約市長彭博重塑為如川普般可憎的人物，為民主黨總統初選鋪路，一路灑幣。辯論後幾天，《衛報》（*Guardian*）指出「彭博在佛羅里達和田納西等州小幅落後，從此再也沒有領先了」。在華倫秀出證據不到兩週，彭博退選。

先聲明，華倫參議員當晚可是做足準備。這位來自奧克拉荷馬州，曾經在高中時期榮獲辯論冠軍的麻州參議員，是拿了辯論獎學金申請到喬治華盛頓大學就讀的。後來她在哈佛法學院教書，在拉斯維加斯初選的辯論之前，她花了一整個星期的時間與幕僚日夜準備，好在電視直播辯論時，與彭博正面對決。

所以她的答案「完全經過充足準備與練習，而且完美呈現，」華倫幕僚事後告知我。「從頭到尾她都背得滾瓜爛熟。」

二、創造你的專屬證據

當你為一場辯論準備時，你會想事先蒐集大量證據。但是在辯論開始時，機會不會就此結束。你可以一邊辯論一邊創造你的專屬證據。

這是什麼意思？你在辯論隨時留意傾聽，就可以引用對手之前說的話作為你的證據，再發動攻擊。注意他們論述的矛盾點，找出前後的不一致。即時處理，讓他們被迫站上防禦位置。

即便你已經做了許多準備，有時候你仍然可以在辯論時創造證據，創造轉捩點，藉此逆轉勝。二〇一四年半島電視臺英文臺的《針鋒相對》節目在牛津辯論社錄影，我訪問前雷根政府官員奧托・雷奇（Otto Reich），他曾是一九八〇年代尼加拉瓜殘暴反叛軍的支持者。「我確信他們謀殺人民」，稍早在訪問時，他不情願地對我承認，並說道「戰爭就是這樣。」然而在訪談後段，在我刺探他與叛軍關係時，他開始四兩撥千斤。

我：「你承認你支持的團體曾經有謀殺行為。這件事從來沒有讓你良心不安？不困擾你？你不在乎？」

雷奇：「不，但我告訴過你，你用的是錯誤的道德推理。」

我：「這問題很簡單，只要回答我是或不是就好。那些叛軍的所作所為，曾經讓你困擾嗎？」

雷奇：「我告訴過你，是的。如果他們犯下謀殺罪行……」

注意他話中的「如果」嗎？這時是該拿出證據了——才幾分鐘前，我在幾百人面前逼他說出來的。

我：「不是『如果』。你說過他們犯了謀殺罪，奧托，可不是『如果』，你說的。都錄起來了。」

雷奇：「是的，如果他們謀殺人民，我會良心不安。」

我：「好，很好。要讓你說出口，可真不容易。」

從你對手說過的話中創造證據的好處，是你的觀眾也聽到他說的話。你的對手無法辯解，你的觀眾就是證人——在你向對手秀出證據時，他們會點頭稱是。對手往往無從躲藏，只能啞口無言，結結巴巴。

二〇一六年三月，我在半島電視臺英文臺的節目《前線》（*Up Front*），到沙烏地阿拉伯駐聯合國辦公室訪問當時沙國駐聯合國大使穆阿利米。那天我們討論敘利亞的可怕內戰與沙國支持反阿薩德反叛分子的舉動。假使阿薩德總統下臺，沙國是否樂見敘利亞產生民選政府？「呃，是的。」大使回應，「我們正希望敘利亞能有這種進程。」

之後我問穆阿利米為何他「贊成敘利亞有民選政府，而非沙國國內的民選政府」？他對我的問題有些不高興，宣稱沙國人民對政府制度非常「快樂」與「滿足」。

穆阿利米：「我只是說，假使能讓平民百姓，以匿名私密的方式⋯⋯」

我：「就是這樣，這叫做投票。」

穆阿利米：「這麼說吧，（停頓）這與西方民主社會的投票不見得⋯⋯」

我：「不，這跟你們想在敘利亞看見的是一樣的。」

穆阿利米：「好吧，那麼（停頓），但這不是（停頓）政府制度的解決之道。」

我創造了證據。我讓大使被迫採取防禦。我製造了一段非常獨特、具可看性的訪談，後來在網路爆紅。

而且，還是在沙國辦公室直播。

三、證據的出手時間

一旦蒐集足夠證據，你最大的問題便是：要如何運用？你不能只是將它們雜亂無章地丟向對手，這樣做無法產生效果。最理想的狀況是，你需要讓這些證據隆重登場，讓你穩穩抓住對手的致命點。在之後的章節，你會看見同樣的規則也適用於「機智妙語」和「傻子的陷阱」。

不妨思考一下我在二〇一六年與自負的斯洛伐尼亞哲學家暨馬克思主義者斯拉沃熱・齊澤克（Slavoj Žižek）的交手過程。齊澤克出現在《前線》，想討論他的新書《難民、恐怖和鄰里的其他麻煩》（*Refugees, Terror and Other Troubles with the Neigbbors*）。齊澤克經常被視為左翼分子，但在我看過他的書後，我對他探索移民西方國家的穆斯林時文字一再使用極右翼的論點感到有些困擾。

我決定在這件事挑戰他。我在訪談時帶著證據，等待適當的時機。

我：「你說『難民來自一種無法跟西方歐洲人權觀念相容的文化』。」

齊澤克：「我想自己的說法可能不甚精準……」

我：「你在書中第一百〇七頁是這樣寫的。」

齊澤克：「我寫了什麼？」

我：「你寫『難民來自一種無法跟西方歐洲人權觀念相容的文化。』」

注意看我如何提出證據。首先，我單純引用他的文字，沒有提到真正的來源，在他質疑我時，我便提出頁碼！這是個非常理想的模式——引發對手的質疑或好奇，接著提出無法辯解的證據。這就是「適當時機」。

齊澤克是專業的哲學家，也是公共知識分子；他飽覽群書，是個超級聰明的傢伙，腦子肯定比我厲害，但我能抓住他的弱點，因為我有所準備，我有證據，而且我會在適當時機加以運用。

延遲享樂是布署證據的關鍵，你會想早點展示你的證據，但你真的該等待最佳時機，因為它會造成最劇烈的衝擊，同時削弱對手的論點。

二〇二一年三月，我與德州知名共和黨眾議員丹・克倫蕭（Dan Crenshaw）在推特來回交鋒，討論美國南方邊境的移民局勢。克倫蕭認為拜登政府應該為邊境「危機」負責，因為拜登政府推翻了一連串川普政府的嚴苛政策。

這位共和黨參議員同意出席我在MSNBC的週日晚間節目後，我們的社群媒體爭論成了電視的直播辯論會。在節目開始前，我與幾位移民律師、社運人士及政策分析家談過，確保事實正確。我的MSNBC團隊和我自己也準備圖表與示意圖要放上螢幕。記得：最好的證據必須讓你可以直接說明或具體呈現，也許是拿在手上，也可以用螢幕呈現。畢竟證據本來就很具體，白紙黑字。

專訪開始沒多久，我決定開始引用統計數字。「讓我在螢幕放一些數字，」我告訴他，自從疫情在二〇二〇年初爆發，邊境逮捕人數不斷上升。「事實上不是拜登上任的問題，他上任後，連續九個月數字持續上升，就在螢幕上。」

「但，我不確定你是從哪裡得到這個數據。」克倫蕭如此回應，接下來是整整一分鐘的謾罵，他（錯誤地）指控拜登鼓勵中美洲移民前往美國，同時也悲嘆川普時期的邊境政策遭到廢除。

我知道我的數字絕對可靠。我的資料來自美國海關暨邊境保護局（CBP），所以在他說了幾分鐘後，我等待最佳時機，然後秀出我的證據。

「你說『我不知道你從哪裡得到這些數字的。』我們再重新看這些圖表，」我說，補充一句：「這是CBP那裡拿來的數據。」

克倫蕭沒有做出真正的回應。他沒有進一步對這些數字辯解，但他的確試圖藉由說明邊境沒有「大量增加」移民或「危機」攻擊我。他也提出他和「CBP前任主管之一」通過內容含糊的電話。也許忘記了俗話說「為數眾多的軼事並不能算是數據」。

《哥倫比亞新聞評論》稱我對克倫蕭的專訪是在「揭露真相」。娛樂新聞網站的頭條說我「教訓」了這位共和黨國會議員。我的訪談片段在推特的點擊率超過一百萬次，我相信讓這場專訪脫穎而出是這句話，清楚明白的證據：「這是CBP那裡拿來的數據。」

另一個讓我能真實呈現證據的專訪——沒錯，就在我手上——也在正確時機提出，是我和前黑水公司老闆艾瑞克・普林斯（Erik Prince）之間的交手。在二〇一九年牛津辯論社半島電視臺專訪，我逼問普林斯——此人為前總統川普的盟友與前教育部長貝琪・戴弗斯的弟弟——關於他在眾議院情報委員會時，面對特殊顧問羅伯・穆勒（Robert Mueller）那次談話。他告訴委員會他從未「在川普陣營擔任任何官方或非官方角色」。於是，那次在牛津大學的現場直播觀眾前，我問普林斯為何他無法告訴情報委員會，他曾經在二〇一六年八月與川普兒子等人在川普大樓見面。

我：「你對這次會面隻字未提，但它對委員會的調查很重要。」

普林斯：「我有表明。我確實提過自己的所有會面，但次數很少很少。」

我：「但不是在眾議院的聽證會，我們從頭到尾檢視過了；你沒有提到二〇一六年八月的川普大樓會面。他們還特別問你在他們內部固定接觸的人士，你沒有做出回應。」

普林斯：「我不記得我有被問過這個問題。」

我：「你有被問到『你在川普競選期間，有沒有固定與他們接觸對話的對象？』你回答：『除了投書或在家門口放競選標語，沒有。』這是你的回應。我有書面紀錄。」

這時，原本自信滿滿的普林斯開始結巴猶豫，用字遣詞變得謹慎小心。我早就印出聽證會的部分對話，並帶在身上，好在專訪中拿給他看。這就是我的準備以及我的證明。同時，最神奇的臺詞莫過於「我有書面紀錄」。除了立刻衝下臺，他還能如何閃避我的問題？

證據可以增加你的自信，同時削弱你對手的信心。當你向對手引用鐵證，資料來源可靠時，你根本不需要激情或憤怒，也無須提高嗓門。事實會自己說話，證據會幫你突破障礙。

不如思考我和廣受好評的哈佛實驗心理學家，同時也是公共知識分子、暢銷書作者史蒂芬・平克（Steven Pinker）的一段專訪。二〇一八年，平克出現在《前線》推銷他的新書《當下的啟蒙》（*Enlightenment Now*）。這本書論述樂觀，認為人類目前比過去更好，全得歸功理性、科學及實證思考。他以許多社會科學數據及大量註腳支持這項論點。但我有證據可以加以回應。

我：「就說全球性的貧窮問題好了。你有一章討論經濟繁榮。你想要證明世界比以前更繁榮富裕，窮人更少，而你的數據顯示瀕臨極度貧窮的人們——世界銀行定義為每天只有一點九美元的收入——已經從一九九〇年的二十億人下降到二〇一五年的七億。你說，世界如今已經成為中產階級的社會，但你當然清楚——我知道你明白，因為你學術著作研究等身，最有資格知道，計算貧窮的方法仍然存在不公平，或甚至不準確的爭論；實際上，倫敦政經學院的人類學家最近發表的學術文章寫到，世上目前約有四十億人仍處於貧窮狀態；二十億人還是吃不飽，比過去來說甚而有之。」

平克：「這扯到數字根本毫無意義。當然，極度貧窮的定義是很獨斷的。假使將標準調高，確實會有更多人處於貧窮狀態；你將它降低，窮人就變少了。但是無論怎麼設定，弧線都是往下。」

我：「這不是真的。」

平克：「就是真的。」

我：「事實上，如果你看了倫敦政經學院傑森．黑克的研究，將貧窮線設定為五美元，數字會從一九八一年貧窮定義的人數暴增十億人。趨勢正好相反。」

這是我的第一號證據，引用自學術來源。

平克：「我們是在討論赤貧的人口比例嗎？」

我：「不，就只是在提人數。一九八一年以來，貧窮總人口增加了十億人。」

平克：「對，但同時，全球人口也增加了好幾十億，比例一樣重要。」

我：「但你在書中也使用了絕對數字。你說人數從二十億降到七億。」

這是二號證據，引用他自己書中所述。

平克：「我注意到至少以極度貧窮最廣泛的定義而言，這數字也同樣下降了。但重點是比例，因為人口增加，所以數字也跟著增加了。」

我：「你說『廣泛定義』，這也是我的論點。你在這本書中沒有提到也沒有警告，而你認為……例如，你在哈佛的同事，同時也是研究這議題的發展經濟學家蘭特・普里切特教授，認為貧窮線不應該是一點九美元，至少要一天十二或十五美元，一旦統計數字改變，整個貧窮全球版圖都變了，這樣看來，你的論點基本上就瓦解了，不是嗎？」

這是第三號證據，引用另一位哈佛教授、全球貧窮的真正專家，來對抗這位不是專家的哈佛教授。

●●●

平克的三項論點，以及來自我本身相反論點——各自有憑有據。將證據帶入其他與我持相同立場的專家。當你的證據說話時，你也在為自己成立一整團的證據來源，用來對抗你的對手。然而若是對手太過粗心，他的論點也會反咬他一口。

史蒂芬・平克、齊澤克和約翰・波頓全是犀利精明的對話者。但如果手上有證據，你不需要被對手的智慧、能力或信心威嚇。證據就是無懈可擊的武器，甚至還可以作為你的獨門武器。

二〇一九年秋天，我在我的個人廣播直播節目《解構》，當著華盛頓特區的觀眾問我的來賓之一眾議員奧馬爾女士，為何在民主黨總統初選不支持華倫，而是桑德斯。

當然，我有許多可以搬上檯面的資料。才一年前，在我的一段專訪，她曾經提到她反桑德斯。我問她原因，她不是才提過桑德斯的參選「為時已晚」，而且她自認是「黨內的華倫派」嗎？

議員聽了我的問題，開懷微笑，轉向觀眾。「梅迪總是有備而來。」她說道，引發一陣笑聲。

的確，我準備滿滿，為了贏得每一次的辯論，你也應該如此。

04 玩球時重點不只是「球」，還有「球員」

只有白癡才不會在辯論時人身攻擊。

——湯姆．懷曼（Tom Whyman），哲學家

完全不夠格的前電視真人秀明星，失格潦倒的地產大亨川普，為什麼能在二〇一六年共和黨的總統提名打敗十六位對手？這群人可非等閒之輩（至少不是全部都如此）。他們全屬當時黨內的重量級人物：參議員、州長、商業領袖，甚至有位候選人是前任總統的兒子，也是另一位前任總統的弟弟。

川普是因為在辯論臺勝出打敗他們嗎？在政策上擊潰他們？還是因為募到更多錢？

還是……用幼稚綽號嘲諷他們，削弱他們的士氣？

馬可寶。騙子泰德。沒勁傑布。怪咖蘭德。

川普的戰術在政治及媒體圈中被大開玩笑。當時，一位權威譴責川普使用刻薄、人身攻擊的方式，並給他一個「中二辯論冠軍」的綽號。另一位則說，他讓人身攻擊的藝術更臻完美，

一路羞辱別人，讓他攀上共和黨的寶座。這位總統候選人被視為滿嘴髒話的門外漢、失控的好辯者。

對外界抨擊這個人沒有異議，但如果我告訴你，川普飽受詬病的戰術，並不下於史上最成功且受人敬重的演說家呢？

在古羅馬時期，身兼政治人物、律師與修辭學家的西賽羅因謾罵競爭對手而享有盛名。他是人身攻擊的佼佼者，簡直是「天賦異稟」，作家山姆・雷斯如此描述。古典歷史學家瓦倫廷納・亞瑞納指出，在一場著名的辯論中，西賽羅曾經稱對手皮索，即凱薩大帝的岳父是個「怪物」、「聯邦的火葬堆」、「屠夫」、「惡棍」、「閹豬」及「最殘忍及沒人性的怪物」。亞瑞納還說，西賽羅嘲笑對手長相，說人家「滿臉黑毛，一嘴噁心黃牙」。（是不是很川普！）

拉丁語ad hominem字面意義為「針對人」——所以人身攻擊便是針對或駁斥他人的辯論。根據另一位古典歷史學家所言，替人取綽號，言語辱罵的辯論是古羅馬人生活不可或缺的一部分，他們對這種政治辯論及演說方式全然接受，早已深根蒂固。

然而走到今日，西賽羅式（Ciceronian）的謾罵風格在正式辯論場早已成為紅線，不得逾越，不可使用。人身攻擊的辯論普遍被認為是非常糟糕的方式。

在足球或籃球運動中，運動員被教導要「玩球，而不是玩人」。追球是你來我往的正常行為，但當你開始在過程中對上另一位運動員時，就犯規了。你會受到懲罰。

在全世界的高中辯論社及大學課程中，你會發現老師也是這樣鼓勵學生。學生被教導要「就事論事，對事不對人」。

這麼做完全有道理。理論上，一個人的能力與其辯論內容是否合乎邏輯其實沒有關係。辯論完全取決其結論是否有條有理，針對主題；可以這麼說，講者只是訊息傳遞者罷了。學者暨暢銷教科書《讀懂世界》作者麥可・奧斯丁曾經就此原理言簡意賅地解釋：「如果希特勒說世界是圓的，就不會讓它變成平的。」

幾乎每本針對哲學、邏輯或修辭學的入門教材，都將人身攻擊列入邏輯謬誤的章節，亦即人身攻擊乃是說理、論理的一大錯誤。這是傳統的智慧，堅持「攻擊對手，而非他們的論點」乃「非形式謬誤」，你會以錯誤的論點做出結語；這隱約認定你論點的基礎動搖不定，所以才挑上對手攻擊；這是無謂又無理的行為。

基本上，我沒有不同意這三點，它們都有其意義存在——而且再真實不過。但我只想問哲學家湯姆・懷曼問過的問題：「如果人身攻擊不合理，為什麼它們那麼有效果？」

沒錯，在理論上，你應該攻擊論點本身，而非提出論點的人。但在真實世界，玩球和玩人同樣相對有效，大多時候甚至是必要而且具戰略意義的。它可以同時抹黑你的對手及其論點。

它可以壓倒群眾質疑的聲浪，讓你居於上風。而且——我告訴你一個很少人知道的祕密——它也不見得是錯誤的辯論手法。

如果你對於批評對手非常排斥，也許可以跳至下一個章節。如果你想無所不用其極贏得辯論，請繼續往下看。

尋求群眾的人格

記得人格嗎？亞里斯多德三種「勸說模式」的最後一種。這位偉大哲學家在他的《修辭學》解釋：「勸說是在滔滔不絕的演說中，藉由講者的人格，讓我們認為對方有可信度。」他直接指出，我們傾向相信「好人比他人更完整且更能被理解：這是普遍的真理，不論問題是什麼，也是在舉棋不定或意見分歧時的絕對真理」。亞里斯多德繼續，「不能將個人良善視為對勸說有其貢獻；反之，此人的人格才有可能是他所擁有最有效的勸說武器」。

對任何說「對人不對事」的人而言，亞里斯多德這句話無疑是在提醒大家，假使某人的人格與信譽是「最有效的勸說武器」，那麼完全忽略它們可能是件非常危險的行為。如果你不願意批評你對手，你一開始就讓他們占上風了。

想想看，如果你的對手讀了亞里斯多德的《修辭學》，認識了三大勸說模式的重要，他們會如何努力讓觀眾信服他們的價值觀及可信度，讓他們站穩腳步，所以，你何不一開始就針對對手進行人身攻擊？何不把它當作你贏得辯論的關鍵？

即便是寫出修辭學的暢銷教科書作家麥可・奧斯丁（Michael Austin）都默許了：「我不常在大一作文課把一切講得更模稜兩可，但是事實上，人身攻擊往往是最好及最富邏輯的回應。因為多數辯論者在主張論點時，總是強調自己的人格、專業或信譽。如果某人支持抨擊對手——我們稱之為「訴諸權威」——那人身攻擊的辯論會成為一種必要且適當的回應。」

他這是什麼意思？這代表，如果你的對手還行，他們會引用他們的經驗和專業、分享個人軼事，藉此建立觀眾的信任。同時你又在做什麼？放水給對方嗎？這不難理解吧？你也想要你的觀眾信任相信你而不是你的對手。這代表你不能讓他們勝利離場。你需要建立自己的可信度，同時挑戰對手的可信度。

為此，你需要仰賴人身攻擊——管他什麼邏輯謬誤或失禮！但是你怎麼知道何時要請出大砲，或者善用它們，不讓它們擦槍走火傷到自己？了解如何攻擊對手的人格，最佳的方式就是了解人身攻擊的基本形式——以及在我來看，它們如何合情合理。

以下是人身攻擊常見的三種形式：

一、辱罵型人身攻擊

你可能會說這是川普的絕招。他所有演說都在言語辱罵，替人取難聽綽號。它會無情放大對手的人格缺失，不管是真的還是想像出來的，而且沒完沒了。

川普在二〇一六年總統競選時，叫過幾次希拉蕊．柯林頓是「奸詐小人」而且無憑無據！而這產生效果了嗎？現在想想拜登在二〇二〇年的選舉時，讓川普貼上「種族歧視者」的標籤。（當然很多證據可以證明這項指控！）

批評者會說這種作法都錯了，不論希拉蕊是不是「奸詐小人」或者川普是不是「種族歧視者」，他們對減稅或兒童福利的辯論都是基於自身利益。

其實錯了。如哲學家和非正式謬論專家布魯斯．湯姆森（Bruce Thompson）所指，人身攻擊也有其防衛手段。

過去提供可靠正確資訊的人，未來將更容易這麼做；論述毫不考據，未經證實，提供不正確資訊的人，過去比起現在可能更不值得相信。論述品質在於這些被聲稱為事實的正確度及可靠性，而民眾單靠自己的能力要檢驗這些事實並不方便，於是將提供事實者的人格信譽列入考慮，進而相信對方，其實說到底並不算是謬誤。

辱罵型的人身攻擊，與對手的信譽息息相關，也與他們的人格脫不了關係。如果對手不是善良或正直的人，如果他們一直不可靠或錯誤百出，就會影響觀眾如何看待他們現在的言論。所以下手狠一點吧！

二、依情況而定

此種攻擊言論是主張對手的論述是由於他們自身的情況所驅使，可能是藉由某種隱藏的偏見或利害衝突等等。

例子很重要，如果一項研究建議氣候變遷沒有我們想像的那麼糟……但是此研究背後有石油公司挹注資金呢？這就會讓人警覺了。假使福斯電臺訪問的「家庭主婦」狂讚學校的種族政策，但她其實曾經是前共和黨幕僚呢？很驚訝吧！事態發展有可能出乎意料。

批評者會說依情況而定的人身攻擊言論是錯的，因為就算石油公司出錢，也不表示研究不正確。那位家庭主婦的政治立場也不能否認學校的種族政策有問題。（其實沒有問題，但是得看另一本書）。

批評者在此也許被誤解了，或許也過於獨斷。因為依情況而定的重點不在否認論點，而是確保我們會額外檢視做出這番言論的人，大衛·希區考克指出，要特別注意可能出現的偏見，避免太過天真或被騙。

在此我也要指出，對非正式謬誤過於執著，會讓人忽略人性的真實。人類傾向對利益衝突會不自主地懷疑。二〇一八年蒙大拿州立大學心理學家勞夫・伯恩斯（Ralph Barnes）擔任共同作者的某項研究總結，在人們選擇是否願意相信科學家理論時，對利益衝突的指控可能就與欺詐行為一樣有力。事實上，他們發現，引發利益衝突就和抹黑科學家，質疑其言論只不過是「觀察研究」，一樣有效。

三、「你還不是一樣！」

這種手法與虛偽脫不了關係，「你還不是一樣」將火力集中對手過去的言論與行動是否與現在的言論矛盾，再引發質疑，進而攻擊。對手有可能宣稱一些他們不會或無法堅持的看法或立場。

例如，從來沒有停止爭論的墮胎議題，在二〇一八年的《衛報》曾經報導，美國主張墮胎合法的維權人士熱愛提起一群曾經公開表示反對墮胎合法化，私底下卻支持婦女墮胎的共和黨員。

評論者會說這些共和黨人士包括反墮胎的賓州共和黨員提姆・莫菲（Tim Murphy），在二〇一七年曾經要求其情婦墮胎，醜聞揭發後，提前從國會退休，搞不好他真是偽善者。然而，講求邏輯的學界提醒我們，不論胎兒是否感受到痛苦，何時才是合理的墮胎時程，或者究竟受精還是著床才算是生命開始，偽善其實與墮胎議題毫無關聯。

當然，這些批評的人又忽略了重點。「你還不是也一樣」的論述在於，我們可以挑戰共和黨人士，請他們解釋自己言行不一的舉動。

要他們說清楚、講明白哪裡稱得上不合理呢？當目的只為了檢視我們在真實人生的作為，誰會在乎結論是否合乎邏輯或有理可循？你要求其他人遵守自己不會或無法遵守的規則，也許到頭來是你本人的信念有問題吧？讓對手「難堪」，為自己言行不一加以「辯解」，一切都是值得的。

把你的邏輯教科書扔掉吧。如哲學家亞倫・布林頓（Alan Brinton）所說，我們必須把人身攻擊視為言詞交鋒的現象，不談邏輯。

修辭是勸說的藝術，要正視人身攻擊策略的運用，而不是「狹隘專注於前提與結論的關係」。這三種常見的人身攻擊策略在偉大辯論家的工具箱裡絕對占有一席之地，但你要以正確方式運用。如果你利用人身攻擊，結果讓論述失焦，那麼它便是謬誤。反之若是善用它們，讓它們更有效運用，質疑對手的可信度、提出議題的偏頗處、讓對手不得不處處防備，這是千百年前古希臘羅馬人們曾經採用的手段，而且完全稱不上謬誤。

沒有那麼複雜。事實上人身攻擊雖然有可能是謬誤，但不代表一定是錯的，不只是我這麼想。麥克馬斯特大學榮譽教授暨加拿大哲學家大衛・希區考克曾在一篇論文探討「沒有所謂的人身攻擊謬誤」。為什麼？因為有時候懷疑你對手的人格完全站得住腳。希區考克的結論是：時而正當、偶爾錯誤的行為，才不能說是謬誤。

看懂了嗎？傳統智者的概念其實都錯了。即便是頂尖的哲學家都認為辱罵、依情況而定及指責對手「你也一樣」的人身攻擊言論是可以接受的，只要是以正確方式運用。大家不需要窮追猛打邏輯的部分，也可以挑戰對方的人格。可信度是辯論中的資產，假使對手站不住腳，就不要浪費這個武器。也不需要道聽塗說。（我這也是在人身攻擊各位，對吧？）

攻擊計畫

現在我們已經知道人身攻擊可以是好的辯論方式，卻被處處誤解，聲名狼藉。但是我們如何運用？如何在直播辯論或真實世界的衝突中，部署最佳的人身攻擊方式？

首先，為了讓論點「對人不對事」。你需要知道所有關於對手的大小事。你需要願意檢視研究對手的背景、自傳及履歷。你需要熟悉他們過去的言論及行動，尤其是他們可能涉及的醜聞或爭議。

後面的章節中，我會解釋做好功課的重要——列出一些研究與調查的最佳作法，但此章節，讓我們假設你已經做好研究，了解人身攻擊的正當性。

關鍵的問題在於如何執行你的攻擊。你要如何戰勝與人格相關的戰爭——建立你自己的權威，同時削弱你對手？最好的計畫在我來看是挑戰對手的三大項——人格、可信度與其主張。如果這三大項瓦解，他們也完蛋了。

一、挑戰他們的人格

生命中會有許多時候，你必須面對人們的憎恨和偏執。你是否應該原諒他們？也許他們追求的是高尚虔誠、或曾受教科書啟發，因此論述都著重在邏輯層面。真的是這樣嗎？

讓我們舉個極端的例子：你會讓你認識的納粹思想友人，在觀眾面前解釋反猶太主義議題，而不告訴大家其實此人支持納粹？如果這位納粹是位聰明無比，辯才無礙的演說家，提出一堆數字事實，跟大眾解釋，擔憂反猶太主義根本是誇大其詞，空穴來風，而且他的邏輯有條不紊，你要怎麼處理？你要堅持這個論述，還是處理這個顯而易見的問題？

你當然會想要解決這位納粹黨羽的納粹思想，及時反駁，也許他們在臺上看來無害且充滿善意；也許他們壓低語調，以精準贏得普羅大眾的心。但如果你可以證明，這些人一旦走下臺，行為言詞會更加激進極端言論，這更眾人警覺！以此為例，作家艾倫・福茲費爾德曾說，指出這群人過往的反猶太主義言論，與此人的論述邏輯脫離不了關係，但你還是得指出來，即便這嚴格來說也是人身攻擊。

有時候你就是得對觀眾直言坦承，這個滿口好聽話的傢伙其實是個壞人。如福茲・費爾德指出，有時候人才是問題所在，因此「對人不對事」才是王道。

不要害怕認清對手。不要害怕定義對手。瞄準辯方本人也沒有什麼好擔心的。

你不需要對他們進行全面攻擊，你還有其他巧妙高明的手段質疑對手的人格或道德觀。我最喜歡一場貶低對手的辯論，是二〇一八年十月在佛羅里達一場州長電視辯論會中，民主黨候選人安德魯・吉倫（Andrew Gillum）被問到解決種族議題時，選擇向對手朗・德桑提斯（Ron DeSantis）的種族議題政見提出解釋：

「首先，他在本州有一些新納粹黨人的襄助。他曾經在種族歧視氣味濃厚的會議發言。他接受的一筆政治獻金，金主曾經指稱美國前總統是『穆斯林黑……』，但他不願交出這筆錢，每次提到這件事，此人還說『不……我不會說德桑提斯會有種族歧視；我只是說任何種族主義者都相信自己對種族議題另有定見。』」

哇，真慘啊！德桑提斯或許最後在州長競選中險勝，他卻終生無法擺脫自己歧視其他族群的臭名——吉倫的人格攻擊再正當不過。

二、挑戰他們的可信度

在所有辯論中，只要曾讀過亞里斯多德作品的講者，就算只看過一頁，都能理解可信度的重要，如專業、權威及資格。而且講者會在一開始就大聲疾呼，強調自己的信譽與人格。

但是，有趣的是，如果反方決定攻擊這些特點，通常會指為謬誤，正確而言，是「可信度的謬誤」。這種思維的背後邏輯是，辯論最終不能仰賴各種可信度或資格，所以提出這些論點，加以反駁者，其實全都搞錯方向了。

這樣說當然沒錯，絕對不能只仰賴事實、證據及統計數字贏得辯論，但是一旦對手要求觀眾仰賴自己的可信度，那就是你發動攻擊的時候了。

來自學界的修辭學專家麥可・奧斯丁（Michael Austin）分析了謬論與公平較勁的界線：「直接反駁已經成立的主張不能算是謬誤。如果某人對特定醫學程序提出有效抽象的統計數字，他們的證據必須站得住腳，不過，在某人說『相信我，我是醫生』時，他們的誠信與醫學背景就與其論述息息相關了。」

無論我們喜不喜歡，觀眾幾乎總是將演講者的可信度與其權威連結。所以疫情期間，醫生和科學家的言論鋪天蓋地；退役將領在俄羅斯侵略烏克蘭時，上遍各家談話節目；律師與諸多前檢察官在兩次川普被彈劾的過程中，到處在新聞媒體發表言論。這些人都是專業人士（其實也沒錯），足以針對時下議題發表高見，而在家收看節目的觀眾也容易相信他們的判斷，而非莫名其妙冒出來的記者或專家。

萬一他們不夠格，那就挑戰他們。這些資格何以占盡優勢？他們與議題有何相關？他們是否延伸過度，會不會可能誤判情勢？

你可以客氣反擊對方，不用取難聽的綽號或是貶低別人。提出一些問題，在觀眾面前建立「此人的說法聽聽就好」的印象。

你對議題真正了解多少？你何時成為此議題的專家？你有什麼資格可以發表評論？如果他們無法回答，觀眾就會開始質疑其權威資格的真實性。

事實上，我在二〇一三年在牛津辯論社，針對伊斯蘭與和平世界的辯論會上，面對三位反伊斯蘭的對手時，我做了什麼舉動？

很簡單，我質疑他們的資格：

「今晚我覺得最神奇的是，我們針對伊斯蘭以及反伊斯蘭議題辯論，結果我們現場有一位法律系研究生、一位研究現代歷史的碩士生以及一位化學所研究生。我欽佩他們的智慧和能力，但我們之中沒有人是真正的伊斯蘭專家、學者、歷史學家、或說阿拉伯文，甚至連研究恐怖主義或國家安全的專家都沒有，也沒人真正調查過伊斯蘭信仰及思想。反之，來到這裡的人都只能提出籠統觀點。」

我說這些話時，我的對手社運人士安・瑪莉瓦特斯（Anne Marie-Waters）、記者丹尼爾・強森（Daniel Johnson）及科學家彼得・艾特吉斯（Peter Atkins），面無表情地坐著，坐在我對面無話可說。他們根本無法回擊！

三、挑戰他們的主張

挑戰他們的主張是什麼意思？我並不是針對對手的主張中最重要的部分，這就不是人身攻擊了。我指的是挑戰他們過往的主張。

舉例來說，當新冠肺炎疫情攀升肆虐時，許多聲譽卓著的專家提供了一些糟糕的呼籲，而且不只一次、而是兩次、三次……不勝枚舉。

二〇二二年二月時，我在《孔雀》的夜晚訪談節目訪問莫妮卡・甘地醫生，她是加州大學舊金山分校的感染科醫師。當時，甘地醫師早因對疫情即將「終結」的過度樂觀預測，被其醫師同儕及流行病學家抨擊譴責，結果她笑稱新冠肺炎變種為「學者變種」，但幾週後Delta變種便席捲美國。但她仍因其醫學專業吸引觀眾，持續提供一些樂觀預測。我決定以一個大哉問來挑戰她所有過度樂觀、不當錯誤的主張：

「甘地醫生，外界對妳最激烈的批評就是妳的疫情預測總是籠統樂觀，而且都沒有實現。我只是想回顧一下其中一些預測，然後我會請妳回應。

去年二月，印度第二次可怕大流行造成數十萬人甚至數百萬人，但妳就在前一個月說『印度現在已經群體免疫』。

去年三月，Delta和Omicron還沒開始在美國流行時，妳說『我真心應該為那些企圖用變種病毒持續嚇唬大家的人士覺得悲哀』。

五月時，妳用七種而不只一種理由解釋為何我們不需要注射次世代疫苗。

同時在五月，妳說六月十五日前，加州就要『群體免疫』。

在六月時，妳說不要覺得Delta是『世界末日』，七月妳說『目前Delta變種並不令人擔心』。

九月妳說『我真的認為快玩完了……十月中我們就會掌控疫情』。

十二月妳說Omicron不會拖垮接種疫苗地區的醫療系統，但真的拖垮了。

甘地醫生，妳到底什麼時候才會說：『也許我該停止不斷做出有害錯誤的疫情預測了？』」

甘地試圖為她自己的紀錄辯護，但最後做出讓步：

「是的，我想這其實……好吧，我道歉，我不會再做任何疫情預測。」

這真是一大妥協！但是我得劇透——她後來還是持續預測疫情！

有許多專家和評論家對全球重大議題判斷錯誤，導致許多不良的後果。而許多人仍然持續如此，卻不用面對任何後果，依照他們的專業一而再、再而三地提出主張。我們何必容忍他們？我們為何就得忽略他們可怕的紀錄，只專注在其他合情合理的邏輯論點？說到底，趨勢只是趨勢，把趨勢當作別的事物是很愚蠢的行為。

因此，要善用對手過往的主張對抗他們，他們有過去、紀錄和歷史，足以顯示他們的判斷有跡可循。如果一項紀錄充斥謬誤與誤判，也就是一連串的糟糕預測及論點，那就該把他們送走了！

我曾經部署上述戰術對抗某出版品。在二〇一三年十月，我參加了《提問時間》節目，前一週，《每日郵報》針對工黨故精神領袖艾德．米勒班（Ed Miliband），他是來自比利時的猶太難民，發表了一篇熱門報導。「痛恨英國的男人」是報導的標題。這是荒謬的抹黑，帶有

「反猶太的偏見意味」，我在《衛報》的朋友喬納森・佛里德蘭（Jonathan Freedland）如此描述。

當晚在伯明罕的《提問時間》的臺上，還有來賓昆丁・萊茲（Quentin Lets），此人是《每日郵報》的常駐專欄作家。當然他想為他的雇主與作品全力辯護。「這真的完全失序了嗎？」萊茲問。「我不確定。」但輪到我發言時，我可是有條不紊，我轉向觀眾說：

「我來問各位一個問題：當我們提到痛恨英國的人時，或者誰擁有這種邪惡背景時，你們會想到誰？巴結納粹的傢伙，約瑟夫・戈培爾的朋友，在第二次世界大戰一開始時對希特勒讚不絕口——這傢伙就是《每日郵報》的創辦人羅瑟・米爾。或還是曾在皇家海軍服務，為他的第二故鄉冒著生命危險的勞夫・米勒班？各位認為誰比較痛恨英國？這不只針對勞夫・米勒班，其實問題最大的是《每日郵報》。」

萊茲想要打斷我，但是我才剛開始發動攻擊。

「昆丁，先讓我說完，你可以晚點再繼續說。這份報紙，曾經在近幾年指稱同志流行歌手史蒂芬・蓋特利之死非常反常，也曾經報導法國人應投給瑪麗・娜勒龐及國民陣線黨，但這些人曾經抨擊在奧運開幕式表演的丹尼・波伊爾找上混種非純白人上臺，甚至還說英國長跑名將法拉是『塑膠英國人』。讓我們再來繼續辯論『誰恨英國』吧。這可不是一位曾經在皇家海軍服役、來自比利時的前猶太難民。這是抨擊移民、仇視婦女、抹黑伊斯蘭、攻擊公共衛生體系、挑釁同志族群的《每日郵報》。」

當鏡頭轉向坐在我對面、沉默而板著臉的萊茲時，觀眾歡呼表示認同。請注意為了達到這種吸睛的反應，我不只仰賴狹隘的攻擊，我不但玩球，也玩人。我鋪陳了《每日郵報》對勞夫・米勒班的看法錯誤百出，更一一提出《每日郵報》的重大瑕疵。

這讓人身攻擊發揮到最大極限，你想要消滅你對手的權威地位、人格信譽，也必須提出不容推翻的論點，也就是清楚的邏輯。這種結合足以造成摧枯拉朽的力道，讓情感接收一切。

當然，亞里斯多德希望這三大訴求和諧運作是有原因的。邏輯和情感通常是主角，而人格訴求也會逐漸浮現，最終成為「最有效的勸說手段。」你該自在對觀眾展現人格素質，但是又要在關鍵領域抨擊對手的話，運用人身攻擊才是王道。

小心對方的反擊

我不會假裝人身攻擊不是危險的策略。如果你不會把它端出來，你也必須接受它。因為耶穌是對的，「凡動刀的，必死在刀下」。如果你要攻擊你對手的人格、資格不符或翻出他的黑歷史，你必須準備好面對他們的反擊。

舉例來說，我知道在我出現在《提問時間》後，《每日郵報》會找上我。這在所難免，畢竟它是知名大報！果不其然，第二天，該份報紙釋出我三年前寫給他們的一封求職信。

看哪，哈桑是偽君子！

當火舌轉頭燒上你，你該如何處理？

你該如何對烈焰有所準備？

有許多方法可以解決針對你人格或紀錄的攻擊。首先，你可以訴諸古老的智慧，指出對手對你採取人身攻擊！你甚至可以說這是邏輯謬誤，或是卑劣行為。

我在本書花那麼多篇幅為人身攻擊辯護，讓這種作法聽來並不卑鄙無恥，但假使你身陷困境，這就是一種你能採取的辯護作法。而事實上不是所有的人身攻擊皆是如此。就本例而言，我寫給每日郵報的求職信並不會改變我在《提問時間》，面對幾百萬觀眾所提出的事實鐵證。

其次，你可以掌握反擊。你可以掌握任何迎面而來、針對你人格或紀錄的攻擊。如果你過去曾說了不好聽、愚蠢或矛盾的言詞，接受它、為此道歉並繼續向前。二〇一三年時，我迅速坦承自己實在覺得「難為情」，畢竟當年是個青春熱血，抱負滿滿的平面記者，所以寫給每日郵報一封「阿諛奉承」的求職信，我這麼做並沒有錯！

第三，你可以用你自己的人身攻擊進行反擊，並稱之為「自我防衛」。西賽羅就這麼做：

將自己對對手的謾罵限縮為不對等的攻擊。這位演說大師早了然於心：攻擊是最好的防衛。

結論是：人身攻擊是一種具有高度風險或高回報的辯論手法。如果沒有善加利用，你的攻擊會讓你遍體鱗傷。運用得宜則對手會被牽制，甚至受到責備。人身攻擊的力量，以及讓許多人生氣和惱怒的原因之一，是因為要加以反擊，難上加難。

人身攻擊謬論在辯論時，只能當作輔助，不可以成為替代方案，它也不是非黑即白。你需要玩球也要玩人。舉例來說，西賽羅可能是最尖酸刻薄的謾罵大師，但最終，他留名清史並不是因為如此，他是出類拔萃的偉大辯論家，耗費許多時間與精力說理、勸說和說服他的觀眾。你也應該如此。

最後一個重點：我在此略述提倡的一切，都與真實世界的辯論有關。但請注意，如果你參加的是哲學研討會或上邏輯課，那麼你仰賴人身攻擊的辯論絕對會遭致批評反對。大學或高中社團的辯論也是如此，因為它們都有嚴謹的規範，指點你什麼能說、什麼不能說。所以，上述場合請不要「人身攻擊」！

但真實生活仍不是哲學研討會，也不是高中辯論比賽。在真實生活中，對手的個人信譽對他們辯論成功與否至關重要。所以為了擊敗對手——甚至擴大至他們的辯論中，人身攻擊時無須猶豫。

05 聆聽，而不要只是說話

當人們說話時，專注傾聽。多數人從來不這麼做。

——海明威

一九九二年十月十五日，喬治・布希、比爾・柯林頓、羅斯・裴洛特以及一群參加直播的觀眾齊聚在維吉尼亞州的里奇蒙大學，進行第二次總統大選辯論。老布希是尋求連任的時任共和黨總統，而柯林頓是多數人不熟悉的阿肯色州州長，民主黨的明日之星。

那一晚是史上首次的「市政廳」總統大選辯論之夜。那是柯林頓建議的地點，他對自己在直播觀眾前所展現的群眾魅力很有把握。布希陣營據說也同意了，因為他們認定里奇蒙「保守的中間選民」會對總統手下留情。

辯論到一半，美國廣播公司的辯論主持人卡羅・辛普森（Carole Simpson），邀請一位二十五歲的觀眾梅麗莎・豪爾（Marissa Hall）針對總統候選人進行提問。

豪爾：「美國債務危機對各位候選人個人生活有沒有任何影響？如果沒有，你們又要如何真正找到大眾經濟問題的解藥，畢竟你們根本不懂百姓之苦？」

問題不長，但當豪爾提問時，布希看了一下他的手錶，不是偷瞄或是看一眼，而是一直在看著手錶。千萬名美國人在看辯論直播，都看見他的行為。總統根本沒有專心，看起來好像不想在場！

億萬富商暨第三黨候選人裴洛特選擇第一個回答豪爾的問題：

「就是因為它，我才中斷自己的生活與工作，參與這個活動，我很在意這件事！」

這傢伙一心要踏入政治圈，回答的問題也不怎麼高明。接下來輪到布希了。

「嗯，我想確實國債危機影響了每個人，這很明顯。」布希開始說。

「每個人？」

豪爾是在問它是否影響候選人的「個人生活」。

她又問了一遍。

豪爾：「我是說你本人。」

布希仍然沒聽懂。他開始討論利率，心急的主持人辛普森插嘴。

辛普森：「她說的是針對『你個人』。」

豪爾：「對你個人來說，國債危機對你有何影響？」

辛普森：「它對你個人的影響？」

布希：「確實。我愛我的孫子……」

豪爾：「對你到底有何影響？」

布希：「我希望他們能夠接受教育，我認為這對父母來說是很重要的事，如果……也許我想錯了。妳的意思是，有人會認為國債危機對他沒有任何影響？」

豪爾：「我的意思是……」

布希：「可否再請妳解釋，讓我可以好好回答這個問題。」

他的回應只有越來越糟，一位評論員說，布希扯到參觀一間黑人教會，還提了未成年人懷孕的議題。為何他認為提問者會想聽到這些回應依舊成謎。

最後，輪到柯林頓了。這位民主黨候選人走下臺，走向大廳──這是其他兩位候選人沒有做的，然後他望著提問者的雙眼。

柯林頓：「讓我知道它對妳有什麼影響。」

豪爾：「呃……」

柯林頓：「你有認識任何失去工作和家園的人嗎？」

豪爾：「呃，是的，嗯。」

柯林頓：「我當了一個小州州長十二年了，我來告訴妳國債危機如何影響我。每年國會和總統簽署法案要我們做更多事，卻給我們更少的錢。我看見我的州民，中產階級的人——他們要繳給華盛頓的稅賦越來越高，而他們接受的服務卻持續減少，因為富人享有稅賦減免。過去四年，我在任職的州，我知道某人失業了，我知道哪家工廠倒閉，老闆是誰，有人破產時，一說我就知道是哪一位。」

看見他們之間的差異了嗎？柯林頓聽了問題，了解提問者的背景。他藉由展現同理心與她互動：「告訴我國債危機對妳的影響？」

柯林頓，儘管他瑕疵連連，犯了不少原罪缺失，卻不僅是一位偉大的演說家，更是優秀的傾聽者。事實上，他之所以是偉大的演說家，有部分就是因為他是優秀的傾聽者。

這位「來自希望小鎮的男人」是同理心大師，他藉由與美國百姓建立情感連結而無往不利。那晚在里奇蒙，共和黨總統以告誡口吻回答梅莉莎・豪爾的問題，但他的民主黨對手卻得以對她的痛苦感同身受。

這場辯論過後，CNN與美國今日的共同民調顯示，百分之五十八的美國人認為柯林頓贏了市政廳辯論，相較之下只有百分之十六的人認為布希會贏（還有百分之十五的人認為是裴洛特）。

你猜最後誰贏了總統大選？

這也許是修辭學中最大的祕密：要贏得辯論或爭論，不只在於能雄辯滔滔，好好聆聽也同樣重要。如俗語所說，比起用說的，用心聆聽就贏一半了。

說真的，當我告訴妻子自己正在寫「聆聽的重要性」這一章節，她大笑出聲，然後她頓住瞪著我。

「真的假的？你在寫成為好聽眾的重要性？」

她說得對。我從來都不是最棒的傾聽者。平心而論，很少人真的能做到（包括我自己）。我們通常不自覺，但當他人說話時，我們很少專心，反而很容易神遊，腦中想著等等要如何回應，或者更糟的是，我們會打斷對方，嗤之以鼻。我們總自認是好聽眾，但其實不是。

在智慧手機的時代，這個問題只會變得更糟。我們口袋的閃亮小玩意經常出聲引我們的注意力，我們又該如何好好聆聽？最近來自《商業內幕》的調查報導指出，智慧手機使用者每天解鎖手機高達八十次，白天每小時六到七次，或者每十分鐘一次。

但是我們依舊持續拒絕聆聽。

你能聽出差別嗎？

說真的，人們說話時你有在聽嗎？還是你只是有聽沒有到？

聽是生理過程。我們不要講得太深入，總之，專家說「聽」基本上是聲波碰到耳朵鼓膜導致其震動，再將電子脈衝傳送至大腦的過程。

數十億人每天聽，卻從來沒有當一回事。這是一種被動又「無意識」的過程。想想看，如果你走在街上，你自動聽見週遭的聲音——車、狗、人們對談。但你從未真正聆聽。

聆聽需要吸收、處理與理解你聽見的事物。你有意識並主動參與，當你在同樣的大街行走，聽見遠方的車子快速疾馳，往你的方向過來。現在你就是在聆聽。你轉頭做出反應，聆聽駕駛是否失控。輪胎有嘎吱聲嗎？駕駛是不是在急轉彎？你需要跑到另一邊嗎，還是你在人行道上很安全？此時的你正在敏銳辨識所有聲音與潛在危機。這些全是聆聽。在危機當中，我們聆聽、做出反應及加以注意。但當日常與人溝通時，我們大部分的人都敷衍了事，我們不是好的觀眾。我們傾向成為說話的一方。這在辯論時更是如此。我們不聽另一方說話，我們只是在等回應的時機。我們早就做好準備了，畢竟，這是提出我們的論點、不被打斷且暢所欲言的機會。

然而有句老生常談，「開口說話前，先把自己的耳朵打開」。假使你在辯論或爭論正熱烈時跳過第一個步驟，那就麻煩大了。萬一你沒有仔細聽對手在說什麼，你要如何以實事求是、就事論事的訴求回應？實際的方式回應、拒絕或反駁？如果你沒有在聽，最終你只能回應你假設他們說過的話，或更糟的是，你想要他們提出的論述。這最終會讓你挫敗。

這可能聽起來都像血淋淋的教訓，「聽你對手要說的話？什麼啊！」但你絕對不會相信我在許多辯論場合、談話節目或電視直播專訪見過的人，從頭到尾只是在重複他們預先準備好的論點或言論。他們無法因應或回應新的批評或意見，因為他們根本沒有聆聽對方在說什麼。

你難道也要重蹈覆轍？成為一個好的觀眾就能成為好的演說家，更重要的是成為一個最佳溝通者。但是要當個好觀眾，說起來比做起來容易，尤其在你處於壓力，心情激動時。

認真聆聽

專家說有無數種聆聽的方式，但是今天我們的目的在於贏得辯論，所以我只討論其中兩種——「認真聆聽」和「同理聆聽」。

認真聆聽是在心裡對聽見的話起共鳴，這是一種非常流動的過程，你有意識地吸收、理解和評估講者即時給你的資訊。「這是真的還是假的?」、「這合理嗎?」、「我能信任你說的話嗎?」

當老師針對你寫的文章給予回饋、老闆針對你的報告加以指正,或對手在辯論時侃侃而談時,你都必須是很好的聆聽者。

這並不容易。我們許多人在接收訊息甚至意見時,總是只看到表面或選擇性地接收。如果有人告訴你他們在足球賽中看見你表哥,你為什麼不相信?我們傾向直覺相信自己聽見的話。但是你無法,而且也不應該,在辯論全盤接受。你必須即時認真評估對手口中指出的事實、真相與邏輯。但是你為何聆聽,又該如何讓它成為戰術優勢?

以下有三種你不該犯的核心錯誤,只要認真聆聽,你就能贏得辯論:

一、錯誤主張

在辯論中擊敗對手,最明顯而簡單的方法之一就是指出其言論的錯誤和不正確。如果他們提供非事實的論述,被你指正了,那麼對手本身的可信度以及言論的可靠性將大幅降低。認真聆聽能讓你跟上對手的主張及看法,在他們繼續闡述時,讓你找出對手(無論明顯與否)的錯誤或虛構言論。我不知有多少次在直播辯論時抓到對手說謊或選擇性地揭露事實,但現場沒有人加以抨擊，只因為沒人像我一樣注意對手所說的話。接著，你該思考的是：你準備好列出手上的例證事實了嗎？準備好反駁或揭穿真相了嗎？

二、謬誤論證

認真聆聽可以幫你在對手的（假設）事實和主張挖洞，讓你在對手的論點中發現邏輯錯誤與矛盾點。你應該仔細找出對手言論的缺失。你可以試著羅列他們的關鍵論述，在前後不一致之處加以重擊。「我剛才是否聽到他們結語時，說出與開場白衝突的言論？」認真聽，在心裡評估對手的話。等到你開口時，予以抨擊。

三、讓步

認真聆聽也可以幫你在陷入困境時脫身，如果你發現對手提供了正確且強而有力的論點，讓你無從回擊，不妨用我在本書稍後章節將提出的「柔道技巧」讓他們失去平衡，進而讓步。這會是對手沒有準備時的最佳策略。然而，如果你沒有在一開始就加以聆聽，便無法針對論點一一指出缺失！你必須注意對手的主張、論點及言論，這是為了攻擊，也是為了防守。

認真聆聽是能讓你在辯論時運用的重要工具，但這並不容易，且對我們許多人來說並非唾手可得。你必須做足功課，以下是我提出改善你認真聆聽的三種最佳方法。

一、保持開放心胸

當你在和對手進行爭論時，不要自動假設他們說的話都是錯誤、可笑或愚蠢的。不要動不動就嗤之以鼻。聆聽有效的論點或有智慧的話。你也需要對自己的論點加以修正或讓步。你應該對你的論點有信心，但在對手強大之處或自身有所不足時，也要保持開放心胸。

二、屏除雜念

聆聽時，放下你的手機並闔上筆電。不要做白日夢，甚至開始打盹。專心注意手握麥克風的人。當面對一群觀眾時，表現得粗魯無禮或者不當一回事，會立刻削弱、破壞你的可信度——你不會想當盯著手錶看的布希總統吧？重點是，你也不想漏掉別人說的話，不然你怎麼知道有什麼問題需要解決？

所以，不要讓自己分心。不要試圖當多頭馬車，也不要讓你的心困在垃圾裡。像雷射般專注於當前的任務，藉由認真聆聽對手，準備好接住錯誤或謬誤的主張，你就能擊中要害，贏得辯論。

引用柯南・道爾（Conan Doyle）在《血字的研究》（*A Study in Scarlet*）的內容，這是他第

一本描寫名偵探福爾摩斯的作品：

我認為人的大腦就像小閣樓，你必須用你選擇的家具填滿它。傻瓜會收集所有木材，將可能有用的知識晾在一旁，或頂多將它們跟其他東西堆在一起，到頭來他都不知道該怎麼整理。技術高超的工匠則會小心挑選他會存放在大腦閣樓的物品，而且會善加整理，他也許沒什麼可以挑，但他會有最好的工具，讓他以最完美的方式整理得井然有序。

如果認為這個小空間可以無限延伸那就錯了，要是這樣想，總有一天你會忘記之前覺得很重要的知識。於是，最關鍵在於，不要讓沒用的事實取代有用的事物。

三、寫筆記

認真聆聽來自敏銳的心靈和好的記憶力，但兩者都可以由傳統的記筆記來達成。世界上許多成功人士都是嚴格要求自己記筆記的人。美國企業家暨生活達人提姆・費里斯（Tim Ferriss）曾經開玩笑說自己做筆記的認真程度就跟上了毒癮一樣。

英國億萬富翁理查・布蘭森（Richard Branson）曾說他一年要用掉幾十本筆記本，他記錄過一場他與美國億萬富翁比爾・蓋茲在倫敦的研討會。根據布蘭森所說，CNBC報導比爾・蓋茲在結束演講時從口袋掏出一疊小抄。

「我很高興看到比爾的小抄是寫在皺巴巴的紙團，放在外套口袋隨身攜帶。」布蘭森回憶，「儘管他因為在電腦方面的天才而聲名遠播，但仍然用最簡單的紙筆做筆記。」

你也應該如此。聆聽其他講者說話時，做筆記是很重要的事。這可確保你記下任何看似重要的小事，或是他們遺漏的細節，好讓你稍後可以提醒自己。

針對學校學生的許多研究都說明，會在老師上課時做筆記的學生，在課堂上的專注範圍提高，注意力也更集中。他們的聆聽技巧徹底得到改善。

記筆記的方法也很重要。二〇一四年，心理學家丹尼爾・奧本海默（Daniel Oppen-heimer）與潘・穆勒（Pam Mueller）進行一項針對六十七位普林斯頓大學學生的研究，結論指出「筆比鍵盤更有力量」，在紙上書寫筆記的效果遠遠超過用智慧手機或筆電記錄，處理資訊也更加有效。

二〇一三年，牛津辯論社的伊斯蘭與和平的辯論中，我想起自己當時感覺彷彿有點悵然若失、不知所措，畢竟聽了那麼多錯誤虛假的反伊斯蘭言論。在我發言之前，我跟旁人要了一枝筆，在我事先準備、寫好的小抄背面寫下他們所有的荒謬主張。

舉例來說，反方的第一位辯論者安妮・瑪莉・華特斯（Anne Marie Waters）主張沙烏地阿拉伯是伊斯蘭的發源地。因此，沙國的嚴苛暴虐伊斯蘭作風乃為正統，真正代表伊斯蘭信仰的核心價值。但我一面聽她大聲叫囂，一面在我的小抄寫了兩個數字：610與1932。輪到我發言，我忽略了我自己原本要說的話，看著剛才寫下的數字：

「以下是真實數字……妳說伊斯蘭源自沙烏地阿拉伯。伊斯蘭始於公元六一〇年，而沙烏地阿拉伯建國在西元一九三二年。這中間隔了一千三百二十二年！厲害喔！」

牛津講堂的群眾大聲贊同歡呼，華特看起來很氣餒。這些不是我事先準備的，但它成了這場辯論最值得回憶的時刻，一切都是因為我有認真聆聽。

認真聆聽需要專心、用心及努力。勤加練習，你就越能出類拔萃，成為優秀的辯論家和演說家。

同理聆聽

還有第二種重要的聆聽方式，任何優秀的辯論家都需要精準掌控。「認真聆聽」是你需要做的，而同理聆聽是觀眾發言時必須做的。

同理聆聽能讓你與講者連結，透過對方的視角去看這個世界。同理聆聽的目標是專注於講者的立場，了解此人背景。這麼做需要你「全神貫注」在另一個人身上，同時也要你展現自己的同理心。

美國傳奇作家暨商業人史帝芬・柯維在其暢銷書《與成功有約》稱同理聆聽是聆聽的「最

高層次。」柯維寫道，「在同理聆聽中，你會用耳朵聽，但更重要的是要用眼和心聆聽。」

一九九二年里奇蒙市政廳總統辯論的布希總統就是同理聆聽最突出的反面教材，他有了解或正視提問者梅莉莎・豪爾的疑慮嗎？沒有。他用眼和心聆聽了嗎？當她提出問題時，他甚至沒有看她。

其實，老布希之後解釋他為何在維吉尼亞那晚盯著手錶看，是因為他希望市政廳辯論可以很快結束。他在一九九九年的美國公共電視網新聞時刻節目上，對主播吉姆・萊勒說：「這還得搞十分鐘，整件事就要結束了，我該高興嗎？」這位前總統對萊勒說：「沒錯。」

布希或許樂見市政廳辯論的結束，但最終它也象徵他的總統競選活動劃下休止符。這位美國前總統在第二次總統辯論遭到嘲笑抨擊，外界批評他「無趣」、「脫離現實」。而具有同理心的柯林頓，民意調查支持度則持續上升。

不要犯下相同的錯誤——不管你是高中生還是達官政要。在辯論或演說期間，不要看手錶或手機，尤其是有人在跟你說話的時候，不要讓別人覺得自己被忽略。不要貶低觀眾，這會導致你全盤挫敗，甚至會得到「布希式」的羞辱。

明確而言，你不只是要看起來很專注，還必須要試著用同理心面對質問或和你對話的人。他們想看到你了解他們的顧慮及感受，而且希望你能深入理解他們。你想要完全了解他們要告訴你的事，而不只是他們說的話，同時，還包括他們的語氣、傳達方式及肢體語言。

我知道同理聆聽聽起來似乎很容易，但在我的經驗中，有許多人，甚至是連聰明人都不知如何聆聽。更糟的是，他們甚至不了解同理聆聽的重要性。反之，他們做的事和說的話讓他們看起來心不在焉、不耐煩、百無聊賴……他們聽見別人在說話，但沒有真的聽進去對方在說些什麼。

正如美國哥倫比亞廣播公司記者約翰・狄克森（John Dickerson）所言，一九九二年柯林頓對梅莉莎・豪爾的回應確實創造了「畫面感」。如果你沒見過影片，我建議你可以去搜一下，可以看到或聽到柯林頓的演說，如狄克森所說的，「比爾柯林頓展現他懂她、同理她的處境，更能給她答案。」

同理聆聽者總是「全心投入」。他們將注意力完全放在別人身上，總能理解別人的立場。

就拿曼德拉來說，這位前南非總統暨諾貝爾和平獎得主曾經給了世人二十世紀最能呼應同理聆聽的演說——《我隨時準備從容赴死》（*I Am Prepared to Die*），這是一九六四年曼德拉以共同被告人的身分，在叛國罪審判中的三小時演說，字字句句都在抵抗南非的種族隔離社會。但更了解他的人都認為他甚至是更好的聆聽者，而非演說家。

我問和曼德拉合作撰寫其自傳《漫漫自由路》（*Long Walk to Freedom*）的前時代雜誌編輯理

查・施滕格爾（Richard Stengel）這位已故革命家如何是優秀的同理聆聽者。

「對於立場與他相左的人，他是很好的聽眾，他真心想要了解對方的論述。」施滕格爾告訴我。

舉例來說，曼德拉入獄時，便很認真與獄卒對話，聽聽他們的想法，他自學他們的語言，也就是南非語，並鼓勵其他黑人受刑人一起學。

「他曾經跟我說，如果你要觸動某人的心，就需要用他的語言跟他說話。」施滕格爾回憶道。這些羅本島的白人獄卒知道這位黑人受刑人真心在傾聽他們的心聲。

曼德拉展現作為觀眾的同理心，不只是因為他心地善良，而是因為他知道這是一種有效的勸說工具。他指出：「說服別人，讓這些人認為自己的所作所為都出自自身的想法與心願，這是非常高明的手法。」

在他童年時期，曼德拉的父親擔任騰布王朝國王瓊津塔巴（Jogintaba）的顧問。父親去世後，曼德拉成為國王侍從，悉心觀察瓊津塔巴的一舉一動。之後他對施滕格爾和其他人回憶國王在宮廷召開會議時，讓所有顧問「圍成一圈」，總是等到最後一位顧問發言完後再開口。

這變成曼德拉與親密戰友在非洲議會的習慣，多年後，他也是這樣對待內閣。

「我有時候會看見他親近的同事對他提高嗓門，但他從未有所反應。他只是聆聽，然後做出回應。」施滕格爾說道，「他認為領導人的角色是在最後才發言，總結先前的一切，試著找出共識。」

切記，你不需要在辯論中以同理心聆聽對手，雖然在這種情況下會提供洞見，特別是如果你想像柔道那樣以退為進。然而在其他情況下，同理聆聽才可能對你有利。

這也是唯一能深刻理解彼此，讓你在錯誤時，即時改變策略、學習精進的方法。

當然，要拋棄自己的習慣並不容易，這是我的經驗。以下是我發現三種最有用的同理聆聽練習策略：

一、維持投入

讓另一位講者以及其他觀看和聆聽的人知道，你正全神貫注於另一位講者說話。「讓自己內心的獨白安靜、將你的手機或用品擱在旁邊，把注意力放在另一個人身上。」《用心傾聽：重拾真正聯絡之藝術》（*Listen Like You Mean It: Reclaiming the Lost Art of True Connection*）的作者希蜜娜・文戈謝（Ximena Vengoechea）如此說道。確定你的注意力百分之百集中在別人身上。

二、進行眼神交流

我不能不強調，眼神交流是展現同理心與建立情感連結最為重要的關鍵。這顯示你對講者要說的話很感興趣，而且你很專心在聽，也真的在乎。當你直視他們，他們也回看你時，現場有多少人並不重要。學術研究也支持眼神交流的重要。一項醫病關係的研究發現，眼神交流在「病人對醫師是否有同理心佔了明確的相關性」。另一項針對公開演講者的研究發現「比起移開目光的講者，參與者較容易相信會直視他們雙眼的講者」。這點不令人訝異吧！

三、問正確的問題

對你的對話者提出問題，讓他們能「主導對話」，接著你來問，這表示你專注聆聽他們的答案。當你這麼做時，文戈謝補充，選擇開放而不是封閉式的問題，以及足夠私密，必須細細思考才能回應的問題，不要讓對方回答「是」或「不」而已。你記得柯林頓在里奇蒙市政廳如何回應提問者的嗎？

「讓我知道它對妳有什麼影響。」在其他兩位候選人高談闊論之後，這句話自帶力量，它幫助柯林頓重新聚焦，讓梅麗莎豪爾知道確實有人聽見她的心聲。

做好這三件事，你就會走在贏得觀眾的路上。這也會讓你成為絕佳傾聽者，讓你在家人朋友之間無往不利。

用你的耳朵說服別人

我猜你們許多人拿起本書，是因為你想要學習建立演講者的自信、擬好講稿，又或是建構一個無懈可擊的論點。你或許沒選這本書，因為你想要梅迪・哈桑教你如何成為一個更好的觀眾。

儘管如此，無論你是在公開辯論演說，還是在辦公室簡報，又或是在學校或大學進行研究，人們都會在感到自己心聲被傾聽時與你更有連結，更同意你的想法及論點。

要成為好的觀眾，或是成為認真、有同理心的人，需要結合耐心、注意力及自我鞭策。如史蒂芬・柯維曾觀察到，聽者做得最多，而非說話的人。

而且如果你常動嘴，像我這樣，那麼你可能需要更多額外的練習。但是努力一定有回報，只要看布希和柯林頓在面對維吉尼亞觀眾的不同回應就知道了。你或許很懷疑為什麼聆聽能幫你贏得比賽。看看曼德拉走的漫漫長路，他甚至連對獄卒都專心傾聽！

為了揭穿擊敗對手的論點，你要學習成為認真的聆聽者。如果你想要和觀眾有所連結，也要學著成為同理的聆聽者。畢竟，美國國務卿迪安・魯斯克（Dean Rusk）也曾說：「要說服別人最好的方式，就是打開耳朵好好傾聽他們。」

06 博君一笑

一旦讓人們大笑，他們就會開始認真聽你說話，屆時你就能暢所欲言。

——赫布．加德納（Herb Gardner），劇作家

放眼英國，當今沒有任何節目比ＢＢＣ的時事型節目《提問時間》更火紅了，此節目播映長達四十多年，數百萬英國人每星期準時收看國內政治人物和專家名嘴在直播錄影棚的觀眾面前對新聞時事唇槍舌戰。

二〇一五年一月，我受邀加入《提問時間》。當時正好是《查理周刊》（*Charlie Hebdo*）恐怖攻擊事件過後一星期，一對法國穆斯林兄弟到巴黎諷刺報《查理周刊》辦公室殘忍殺害十二人。

攻擊事件幾星期與幾個月後，《查理周刊》刊出針對先知穆罕默德的攻擊性與種族歧視意味濃厚的漫畫，觸發穆斯林國家的怒火與強烈抗議。

我知道節目製作人非常想讓節目來賓有人能為穆斯林發聲。老實說，我也希望自己能扮演這個角色。有機會走進這個熱門節目，對此我很感激。設法弭平每次ＩＳＩＳ或蓋達組織相關的恐怖攻擊後，大眾普遍的伊斯蘭恐慌症。但我知道這並不容易，而我也知道我必須點到為止。

那天晚上，觀眾在一開場便問起巴黎的暴行與《查理周刊》的漫畫內容：「言論自由很好，但如何能夠不傷害或冒犯到他人？」主持人大衛•丁泊比把場子交給我。

我首先表明自己對巴黎大屠殺很震驚，竟然會有這種殺人狂濫用我的宗教信仰合理化他們的罪行。

身為穆斯林，我不會假裝自己沒被冒犯到，針對先知穆罕默德那些種族歧視、性別歧視甚至以恐怖主義之名的抹黑描述。確實，那些東西真的讓我火冒三丈。怎麼可能不會呢？但身為穆斯林，我也必須說，那些之所以冒犯我、激怒我，讓我生氣的是打著伊斯蘭旗幟，以我信仰與先知之名，讓無辜民眾犧牲的人們。

接下來，我將話題轉向更廣的議題——言論自由與恣意冒犯他人的權利。當時輿論都在聚焦於西方世界的媒體，包含英國在內，是否該繼續如《查理周刊》以「言論自由」和「團結一致」之名出版嘲諷宗教先知的漫畫？我個人覺得這很弔詭。我們難道就該一次次冒犯全球穆斯林族群，只為了強調那群喪盡天良的恐怖分子成功了？但這是敏感的主題，無辜的人被殺了，我決定用幽默方式試圖反對這項論點。

「言論自由的問題是……言論自由確實有其限制。有些人在過去一星期的言行舉止彷彿無論何時何地可以想說什麼就說什麼。不是這樣的。這個社會仍然有法律限制與道德規範，有許多事我們就是不能依喜好而無的放矢，恣意魯莽。我就坦白說了，你當然有權利在擠得水洩不通的電梯放屁；但你會盡量避免，對吧？如果你放了屁，有人因此攻擊你，這種攻擊是不是很無理？你也無法期望電梯裡每個人都跟你同時放屁。」

我承認，這是一個風險很高的笑話。但是觀眾爆出笑聲並拍手鼓掌。我相信事實上我可能是第一位，也能是最後一位在《提問時間》說「放屁」的傢伙。

但這個輕鬆的比喻，最早由記者蓋瑞・揚吉（Gary Younge）提出的俏皮話，讓我對言論自由的界線做出關鍵定義。它也成為大家在當晚節目的嚴肅討論內容的難忘時刻。

俗話說得好，大笑是最好的良藥。但它同時也是贏得辯論的最佳方式，在一場精湛的演說中，它也是關鍵元素，同時也是觀眾絕對會喜歡的少數修辭策略之一。

就讓大家開懷大笑吧，運用幽默感，不要害怕讓氣氛變得輕鬆自在。

笑的心理學

「笑是共同的語言」，此話引自《每日電訊報》的頭條，它是人類共通的語言。科學證明了幽默是人類文化普遍的展現。一項由倫敦大學學院主導，來自英國和納米比亞（Namibia）的研究人員共同進行的研究發現，我們的基本情緒——尤其是快樂——是由人類全體共享的。

無論你身處何處，當你打算說話、爭執或辯論時，請明白，觀眾都懂得欣賞享受一點點幽默感。

笑也有科學上的益處，演講專家約翰・奇莫（John Zimmer）寫道，它能「改善記憶及認知功能」，增進專注力和參與感。史丹福大學講師暨專業喜劇演員娜歐米・芭多納斯（Naomi Bagdonas），也是《說真的，來點幽默：為何幽默是商業及生活的祕密武器》的共同作者，告訴播客麥特・亞伯拉罕（Matt Abrahams），為何大笑會有助於融入群眾，因為當我們大笑，大腦的獎勵核心會釋放大量的神經傳導物質多巴胺，能帶出更深度，維持更久的專注力。根據芭多納斯所說，運用幽默感不只讓我們更參與其中，它也更能留存腦海。

開懷大笑也能讓觀眾形成「社會凝聚力」。北卡羅萊納大學教堂山分校的研究人員發現，共享令人開心的事情會讓大家更團結，這對講者與聽者都有加分的效果。社會心理學家暨此研究共同作者莎拉・艾爾戈（Sara Algoe）表示：「一起大笑，大家共享歡樂，以同樣的角度看待世界，也會短暫激發他們的連結感。這種相知相惜能對人際關係扮演重要的角色。」

懂了嗎？讓你的觀眾大笑，他們就會喜歡你、認同你，記得你說的話。二〇一一年時，芭多納斯提到，歐巴馬將官僚體系、法律規定與鮭魚放進他的國情咨文演說——這可不常是能提供笑點的場合：

「內政部負責在淡水生活的鮭魚，但商業部負責處理到了大海的鮭魚，我聽說如果鮭魚燻過之後，就更複雜了。」

不僅最後一句話讓國會山莊的議員們哄堂大笑，當全國公共廣播電臺請觀眾以三個字描述這段六十分鐘的演講時，多數觀眾引用的字竟是「鮭魚」！無論大家來自哪個黨派，多虧了總統先前說的簡短笑話，人人腦袋裡全是鮭魚。

古人做得更好

如同以往，只要提到公眾演講的藝術時，古希臘羅馬人的思想總是比同期人類還要先進。關於修辭學幽默與機智的重要，學者史帝芬・薛爾伍（Steve Sherwood）寫道，最早出現的說法應該是公元四世紀的知名希臘哲學家和教育家歌吉亞（Gorgias of Leontini）：「演說者應用笑聲擊敗對手的嚴肅，並用嚴肅擊敗笑聲。」

他的看法是，幽默在演講和辯論中扮演很重要的相對角色，但是應該有策略地運用。想讓眾人覺得好笑的重點不是為了娛樂或消磨時光，而是要吸引他們的注意力，讓他們同意你的看法，並在最佳時機提供驚喜。另外要提到的一點是，如果是正式的辯論場合，幽默甚至可以擠下對手，博取上位，以對手（或他們的論點）為代價，贏得現場笑聲。

●●●

劍橋大學古典學家瑪莉・比爾德（Mary Beard）寫道：「嘲笑在古代法庭是基本武器，因為我們很少會自我嘲諷。古代世界最偉大的演說家西賽羅也是出了名的愛開玩笑，甚至有些冷靜理性的人民認為，以他的身分地位，也太幽默好笑了吧。」

但西賽羅知道自己在做什麼，他說過：「藉由讓敵人變得渺小、差勁、卑鄙或可笑，我們是以迂迴的手法享受戰勝他的樂趣。」

這位傳奇人物兼羅馬執政官兼演說家總是徹底實踐自己的信念。兩千多年前，他就是如此擊敗對手：「邁密烏斯還以為自己睥睨群眾，所以每次走進公共集會廣場時，總得他卑躬屈膝才進得了費邊式拱門。」

根據康乃爾大學古典文學教授及西賽羅劇作譯者邁克爾・方丹（Michael Fontaine）所言，這位羅馬政治家用笑話作為「戰爭武器」，也能拿它成為修辭，操控對手。「他的敵人說『這傢伙完全在唬人，他是小丑，他說笑話，破壞遊戲規則』，」方丹道。「但是他卻能一次一次戰勝對手，不斷一直贏得勝利。」

在我的經驗裡，幽默在演講或辯論中有三大主要目的：

一、心領神會的玩笑哏

英國喜劇演員暨演員約翰・克里斯（John Cleese）曾說：「如果我能讓你跟我一起笑，你會更喜歡我，更能接受我的想法。」

「幽默有趣是『與人產生連結』及贏得觀眾的最好方法之一。你讓人們開懷大笑，就是與他們產生連結，無論他們是否與你年齡或性別相仿，甚至政黨立場不同也無所謂！它可幫助你與對方『心領神會』。」SpeakerHub公司的海瑟・史奈普（Esther Snippe）如此解釋。

開懷大笑的觀眾，無論對象是幾人還是幾百人，都是一群想放鬆心情的觀眾。他們不只專注，更願意聽你說話，同時也站在你這邊。不妨想成，當他們喜歡你的笑話而開懷大笑時，就不會被你激怒或不同意你說的話。

切記，觀眾希望你有幽默感，也會想看見你輕鬆、人性化的那一面，因為這就是他們與你產生連結的方式。奇曼指出，幽默會讓你和觀眾「緊緊相連」。

同時還要考量一點，媒體訓練員提傑・沃克（TJ Walker）說：「他們大笑或微笑，表示他們不覺得無聊或想睡覺；也沒有在滑手機或收信。他們正襟危坐，專注在你身上，全心投入。都是因為你。」

二、消遣話語能讓心情放鬆

是的，我知道這聽起來很奇怪：為什麼要用幽默面對嚴肅議題？幽默不是只拿來讓氣氛和話題輕鬆一點嗎？呃，不，並非如此。有時候，如果運用得當，如同我在二〇一五年《提問時間》所做的，幽默可以幫助你，即便在重要嚴肅的場合也能侃侃而談。

在演講或針對議題進行辯論時，有時你會需要對觀眾提出具有爭議性或挑釁的言論，往往觀眾並沒有心理準備，這時候，該如何替他們拓展視野？運用幽默與機智可讓你在這種時候不讓人感覺咄咄逼人，言詞刺耳。好的笑話正如一把鑰匙；它可以開啟深深緊閉的心扉，督促人們考量他們從未留意的事情角度。

學者珍妮佛・艾斯可（Jennifer Aeker）說，運用幽默有助釋放或化解現場的緊張氣氛。我最喜歡引用的一句話，來自王爾德（Oscar Wilde）的名言：「如果你想要告訴人們真相，讓他們大笑，否則他們會把你殺了。」笑聲有助於卸下防衛或偏離對手的艱澀質問，或是來自觀眾的刁鑽問題。而且，它可以讓你（非常嚴肅）的論點在現場達成最佳共鳴。

二〇〇九年，比爾・蓋茲針對蚊子和瘧疾的TED演說，後來成為廣為人知、最多人觀看與討論的演說。他討論攸關生死的議題，這場嚴肅的演講充滿事實、數據與圖表。但他仍然能給觀眾喘息空間，讓大夥笑一下，同時強調他的論點：

「正因疾病只在貧窮國家發生，所以沒有太多資金挹注。舉例來說，有太多的資金投入禿頭的藥物試驗，而非瘧疾。當然，禿頭真的是太糟了，它在有錢人身上特別明顯，的確也為此所苦。所以我們才會有這種先後順序。」

群眾開始大笑，蓋茲繼續：

「但是，瘧疾──每年有數百萬人因忽略瘧疾衝擊而死。目前有超過兩千萬人正受瘧疾所苦。這代表你無法在這些地區發展經濟，因為疾患就代表當地發展停滯落後。當然，瘧疾由蚊子傳播，這裡我帶了一些蚊子，讓大家體驗一下。我們會放出一些蚊子在會場閒晃，總不能只讓窮人有這種經驗吧？」

蓋茲停在這個哏上，蚊子真的在會場飛舞了。然而真正好笑的是，他面無表情地說：「這些蚊子身上沒有瘧疾啦。」」氣氛緩和下來後，觀眾放聲大笑，也明白了瘧疾議題的嚴重性。誰知道這位（前）世界首富也可以如此幽默？他更清楚如何運用幽默，讓開發中國家的瘧疾問題也變得沒那麼嚴肅了。

三、笑聲不會傷人

不要害怕取笑對手或其言論。我在二〇一三年牛津辯論社的伊斯蘭與和平的辯論會的開場白也這麼做。我當時接著反方主辯安妮・瑪莉・華特發言。當時她打算爭取工黨議員候選人的提名，然而她卻得在我和數百人面前，以極度右翼的作風針對社會上極度反伊斯蘭的行動辯解。所以，我實在忍不住一開口就嘲諷她的政黨傾向，說她可能比較適合英國的兩大極右派政黨：

「我相信妳正努力站在工黨這一邊，好在未來能代表布萊頓的議員。如果妳真的如我所說，卻又在這裡發表這種評論，我想妳只得收下韁繩，等待下一次時機了。不過呢，英國獨立黨正是後起之秀，他們會收容妳的。國家黨對妳的看法也會發表一些自己的意見。」

我真的是臨時起意開她玩笑，現場卻歡聲雷動，各位猜怎麼著？第二年，也就是二〇一四年，華特真的加入英國獨立黨，在二〇一八年與前英國國家黨社運人士攜手組成一個新的反穆斯林的極右政黨！（玩笑也可能有先見之明的！）

從一開始，加上剛才那段想也不想就開的玩笑，我在那場辯論重重擊垮這位主辦的信譽。觀眾當場不把她當一回事；她得無時無刻為自己辯護，從頭到尾不斷干擾和質問我。（謝謝你們，歌吉亞和西賽羅！）

二〇二〇年，我對英國極右派新聞評論家梅蘭妮・菲利浦斯（Melanie Phillips）也做了同樣的事，她曾經在職業生涯中做出歧視同志的言論，因而備受指控（當然，她一概否認）。在倫敦的智慧平方辯論會上，菲利浦斯和我針對錫安主義和反猶太主義唇槍舌戰。這位極端保守的女士，「家庭價值」的擁護者，試圖對英國的親同傾向誇大其詞，以便抵禦社會針對伊斯蘭的批評。真是膽大妄為！

於是，我是這樣開始攻擊的：

「各位先生女士們，我們今晚一直在見證憤世嫉俗的發言，偏頗離題，曲解並錯誤指控，提出各種真正反伊斯蘭的言論。接著，聽見梅蘭妮・菲利浦斯捍衛以色列的同性戀者權利，為錫安主義辯護，也真的是值回票價了。」

觀眾哄堂大笑，但這也是對講堂觀眾強而有力的訊息，提醒他們反方有多麼不知廉恥又虛偽。

先說清楚：在這種情況下，你要很小心。你必須絕對確保你損人的笑話會有效果。假使沒有，到頭來丟臉的也是你！

但在我來看，這風險仍然值得一試，因為在我的經驗裡，針對對手的插科打諢跟黃金一樣有價值，但你必須很有自信。多數專業單人表演的喜劇演員都同意，舞臺表現得信心滿滿，絕對能助他們壓倒群雄，贏得觀眾的笑聲（我在本書後面章節會對如何建立自信加以說明）。

總而言之，上述三種方式能讓幽默助你一臂之力：讓觀眾心領神會，處理嚴肅議題，擊敗對手。你必須小心翼翼，有所準備。如古代羅馬修辭學家暨教育家昆提利安（Quintilian）曾說：「幽默有其風險，因為它與笨蛋是如此的接近。」

所以，如果我們現在知道幽默能讓一切改觀，你要如何找出正確的平衡？你要如何確保你會讓對手像笨蛋，而不是讓自己成了傻瓜？幽默不會造成反效果，所以你必須知道自己在做什麼。為了達到這個目的，我歸納出該做與不該做的清單，部分靈感是來自一些頂尖的演講教練和修辭專家的畢生心血。

該有的辯論幽默

一、可以自我解嘲

開自己玩笑的效果屢試不爽。高高在上的無趣人士才不會這麼做，相反的，很多讓你感興趣的人物都會如此，這是雷迪・巴洛特（Hrideep Barot）說的。我通常在自己的開場白會開玩笑，說上帝沒有給我任何技能或天賦，只給我一張大嘴巴，所以我決定用這張嘴賺錢。這句話很受初次見面的觀眾歡迎——而且它的好處是，這是實話！（我真的沒有任何其他的技能。抱歉，就這樣！）

在雷根總統的政治生涯中，他對自我解嘲的幽默運用自如，這不但打垮他的對手，還成功使針對他的批評轉向。在一九八四年第二次總統大選辯論中，面對五十六歲的民主黨參選人華特・孟岱爾（Walter Mondale），七十三歲的雷根總統必須解決對他年紀漸老的疑慮，他如何解決他和孟岱爾近二十歲的年齡差距？一切就仰賴他與巴爾的摩太陽報記者，辯論會主持人亨利・特魯特（Henry Trewhitt）的妙語如珠：

特魯特：「您已經是美國歷史上年紀最大的總統。而且你身邊幾位官員說您近來與孟岱爾的辯論已經略顯疲態。我記得甘迺迪在古巴飛彈危機時，每晚都睡得很少。您是否也對自己在相同情境下無法正常表現有點擔心了？」

雷根：「一點也不會，特魯特先生。我要你知道我不會讓『年紀』成為這場選舉的問題。我也不會為了勝選，利用對手的年輕和沒經驗大做文章。」

這句話在當晚令人印象深刻，或許是一九八四年總統大選令人印象最深刻的一句話。密蘇里州坎薩斯市市民禮堂的群眾，包括孟代爾本人都大笑出聲。民主黨參選人隨後坦承雷根「用這句話得到觀眾的心」，而他再也無法扳回一城了。

二、要主動出擊

如果你準備了一些俏皮話，或一些曾經與朋友、同事講過的趣聞，那也很好。但是假使你能及時對自己說過或做過的事有所回應會更讚。最好的幽默是渾然天成、自發性且即興發揮的幽默。不要強迫自己試圖擠出不恰當又未經準備的笑話，這只會讓效果打折。讓你的機智反映出你個性的一面。

二〇一六年總統大選時，我在半島電視臺訪問退休中將麥可・費林（Michael Flynn），當時我並不知道他會在幾個月後擔任川普總統的國家安全顧問，或者最終因為提倡戒嚴和為匿名者Q背書而遭到指控！我當時知道他的確是倡論極右翼伊斯蘭恐懼，在推特上還曾經寫「害怕穆斯林是合理的」。

我很想要挑戰他反穆斯林的言論，老實說，我並沒有計畫在這方面大開玩笑。一切都是臨時起意，不料還真的產生效果了。

我：「所以向我們的觀眾澄清：你不害怕穆斯林？」

費林：「不，不，要不然你和我現在會打起來。」

我：「所以我就不懂了。你還可能會贏我呢。〔停頓〕所以我才應該怕你吧。」

像雷根總統和孟岱爾，當天我甚至讓費林笑了。我的笑話出自內心，即席發揮而且自我解嘲意味濃厚。電視機前的觀眾馬上就開始挺我了。

三、充分表達自己

一般來說，視覺效果對公開演說也很有意義，尤其是想要展現幽默感的公開演說。利用此時好好發揮你的幽默感、你的玩笑、你的奇聞軼事。不要害怕善用臉部表情、手勢或身體語言。有時候，翻個白眼，抬一下眉毛還能讓你的觀眾咯咯笑。

在你提到某人的故事時，你甚至可以模仿這個人，或者學他說話（不過你得事前先在家人朋友面前練習，免得鑄成大錯！）想想還有什麼身體語言是你可以提醒觀眾，它並不是你演講中最嚴肅的，卻可以讓大家冷靜放鬆一下，甚至笑出聲音？也許是來個微笑吧？或者甚至像卡通般的停頓。

不該為了搞幽默而做出的舉動

一、不可以言詞攻擊

只要任何具爭議、歧視或敏感的玩笑，一律不要說出口，巴洛特和史奈普皆如此表示。真的不值得，你不是主持金球獎的瑞奇・賈維斯（Ricky Gervais），也不是網飛影集中的戴夫・查普爾（Dave Chappelle）。你並不是要將喜劇極限無限上綱，或力抗「政治正確性」的風潮。

你的目標是贏得觀眾青睞。請確保你的幽默恰如其分，不要讓你的笑話惹惱或無緣無故地冒犯他們。你是在公共論壇表達你的理念，別讓糟糕的笑話在人們記憶永遠留存。

當然，即便是最偉大的修辭學家都曾經出糗，例如二〇〇九年歐巴馬出現在傑・雷諾（Jay Leno）的深夜脫口秀。

「我想像白宮保齡球道已經燒毀關閉了。」雷諾打趣地說，這應該是在說這位新上任的總統保齡球技不佳。

「不，不。我一直都在練習，我得了一百二十九分，差不多是特奧項目會有的分數。」歐巴馬如此回應。

應該是太放鬆了，這句話顯然對一個代表全美國人的總統非常不恰當，總統隨即致電給特奧主席，以誠摯的言詞深深致歉，並邀請特奧運動員到白宮參訪。

二、玩笑不要過火

不要說太多笑話，一個接著一個說。你不是在講單口相聲，人們不想看你這樣或聽你說那些有的沒的。其實這也不是你的專長。這裡說說、那裡笑笑，但對玩笑而言，少即是多。

事實上，我唯一的建議就是讓你的笑話能銜接你的主題，或是回應先前講者所說的話。「不要為了幽默而幽默。」約翰・奇曼（John Zimmer）如此寫道。最好的笑話會對你的論點有所幫助。而同樣要記住，觀眾不想要看見你變成喜劇演員，他們想要聽你針對主題論點發表想法。他們想要你告訴他們、說服他們，甚至讓他們有所啟發。

三、不要像個木頭

不要說「我來告訴大家一個有趣的故事」當開場白。

不・要・這・麼・做！

沒有必要笨拙呆板地開場。這會讓好笑的氣氛消失殆盡，假使你掌握了一些笑點，就把它說出來，讓觀眾決定它有不有趣，萬一他們覺得不好玩，你也很快就會知道。

事實上，也許可以事先藉由你認識和信任的人，測試一下你認為有趣的俏皮話或趣聞，看看他們是否和你一樣覺得好笑。練習說笑話和必須要說的故事，徹底了解它們，而且要能即時做出即興演出。

語氣單調的講者說不出任何有趣幽默的話語，而且就算不看小抄也一樣無聊！這些人讓機智輕鬆的話題，在你面前越來越呆板無趣，最終只能硬生生地收場。

最好的方法之一是別讓自己變成一塊木頭，自動展現你的幽默感。如果它才剛從腦海冒出來，那麼聽起來絕對就是即興演出！但如果你要準備笑話或故事，你需要恰如其分——要有充分的練習將故事背得滾瓜爛熟，但別讓它成為機械式地背稿。

以上就是運用幽默感時，該做和不該做之事。笑聲的力量有明確的科學例證支持，卻沒有科學能告訴我們什麼會讓我們開懷歡笑。這非常主觀，人人都能展現自己有趣的一面，努力挖掘它，表現自己的真誠，你想讓觀眾不僅會心微笑，更能捧腹大笑，讓他們跟你有所連結。

也許最重要的是，在演講、爭論及辯論中運用幽默時，你總想讓觀眾和你一起歡笑，而不是嘲笑你。如果是前者，你可能有機會贏。但如果是後者，你絕對是輸家。

美國傳奇幽默作家阿爾特・包可華（Art Buchwald）是這麼說的：「我很年輕就學到，當我可以讓人們開心大笑時，他們會喜歡我，這是我永遠不會忘記的一課。」

這也是你永遠不該忘記的一課。

2

PART

過招技巧

07 「三」的法則

龐德先生，在芝加哥他們是這麼說的：「一次是偶然，兩次是巧合，第三次就是與你為敵了。」

——奧瑞克．金手指（Auric Goldfinger），《〇〇七：金手指》角色之一

修辭學有許多堅不可摧的大原則，其中最重要的規則之一，也是你永遠不該忘記的，就是——「三」的法則。

為什麼？

如影集《搖滾校園！》（*Schoolhouse Rock*）裡頭所說，三是個神奇的數字。它囊括從出生、生命、死亡，從過去、現在到未來。一旦你能主宰「三」的法則，會讓你從各個方面徹底贏得辯論。

我正好也是「三」法則的愛好者，我的家人、朋友和同事全都取笑我。如果我沒有引用三大理由，我根本無法跟他們進行任何對話、任何爭論，或作任何解釋，無論議題有多平凡或微

不足道。

問我為何我想要吃「班杰瑞」的巧克力冰淇淋，而不是31世界級巧克力口味，我會給你三大理由：一、二、三。

問我為何比較喜歡漫威電影宇宙，而不是DC宇宙的作品，我會給你三大理由。

問我為何把車停在特定的地點。對，你考倒我了。我一樣會列出三點。

我無法抑制自己凡事都用上三的法則。這是有原因的。三法則自帶規律、秩序與型態。

而且不只我，還記得賈伯斯在二〇〇七年推出的蘋果手機嗎？他告訴大眾：「今天，我們介紹三項革命性的產品。」而且不斷重複提到iPod、手機與網路溝通裝置。「這三種裝置並非各自獨立，它們是個三合一的裝置，我們稱它為iPhone。」

賈伯斯，如演說教練卡曼・蓋洛（Carmine Gallo）所提，看見了三法則的神妙之處。就在蘋果手機發表前兩年，這位蘋果執行長暨創辦人獲邀在史丹佛大學畢業典禮致詞，後來這段演講成為史上最多人觀看的畢業致詞，他告訴群眾，他想告訴大家：「我生命中的三個故事。就這樣。沒什麼大不了。就三個故事。」

有一句拉丁俗語：三臻美。一切只要成三，就會完美。從亞里斯多德年代開始，優秀的演說家，尤其是好的辯論者，都服膺這項原則。只要能以三個詞或三大部分、或三種型式形態表達理念或論點，在演說教練戴夫・林翰（Dave Linehan）看來，「對觀眾來說會更有趣、更享受且更有記憶點。」

三聯法

從各方面來說，西賽羅就是古代世界的林肯、邱吉爾與歐巴馬，西賽羅以一系列激昂尖刻的演說，嚴厲批評羅馬將軍馬克・安東尼（Mark Antony），這也是有名的《反腓力書》，惹得安東尼找人刺殺他，取了他的頭顱。根據歷史學家拜瑞・史特勞斯（Barry Strauss）寫道，據說安東尼的妻子芙維亞才是下令砍下西賽羅頭顱的幕後兇手，「扯出」他的舌頭，並用她的髮簪「刺穿它」。

終其一生，即公元前一世紀時，西賽羅便是運用三聯法，以及部署三法則的先驅，也因此得到了驚人成效，無論是在羅馬議會的殿堂，還是在法庭法官面前。他選擇的武器是希臘三行詩——三個字或片語組成一組，針對論點提出他創作的平行詩。原文tricolon便來自希臘字tri（三）與colon（子句）。

理想情況下，古典學家T.N.密契爾（T.N. Mitchell）如是解釋西賽羅的演說：「三行詩的每一節應比前一節或第三節來得長……能與其他節有所呼應。最終收尾時更有力道，造成壓軸的效果。」

三行詩在世界歷史中有著不可動搖的核心地位，它讓西賽羅留名青史（也讓他精采的一生嘎然中止）。美國建國以來，歷任總統也常仰賴它傳達理念。知名的演講教練和部落格「說話的禮貌」版主約翰・奇曼（John Zimmer）也如此寫道。以下是奇曼引述林肯的一八六三年蓋茨堡演說：

「以廣義而言，我們腳下的這塊土地，我們再也無法為它奉獻什麼，也無法讓它變得更為神聖，或讓它變得更為光榮……我們只能在此，為眼前的偉大任務奉獻心力，曾經為這片土地鞠躬盡瘁的勇士，無論生死，早就讓這片土地神聖了。這遠非我們盡一己棉薄之力所能加以增減的——我們要下定決心讓殉國將士沒有白白犧牲——為此，這個國家，在上帝庇佑下，才能獲得自由新生。我們要使這民有、民治、民享的政府不致從地球上消失。」

以下是艾森豪總統在一九五三年的《給和平機會》（*Chance for Peace*）演講節錄：

「每把槍枝、每艘戰艦、每座火箭，說到底，都是從飢不得食、凍不得暖的人們那裡剽竊而來。追求武力的世界不單在消耗金錢，也在消耗勞工血汗、科學家的智慧與孩童的希望。」

還有歐巴馬在二〇一三年，在家族姓氏為「馬帝巴」的曼德拉總統追悼會的演講。

「在這位偉大解放者安息後，當我們返回自己的城市鄉鎮，回歸日常生活時，讓我們尋求他的力量。讓我們從內在尋求如他一樣偉大的靈魂。在黑夜降臨，當不公不義讓我們心靈沉重，在我們所能想出的最完美計畫貌似難以實現時，讓我們追念馬帝巴與其墓穴牆壁，那能讓他寬心慰藉的話語：『縱然通道無比險狹，儘管嚴懲綿延不盡，我是我命運的主宰，我是我靈魂的統帥。』」

三行詩只是一種三聯法的形式，同時也有三語法：三個詞一列，傳達主要觀念。試想法國國格精髓「自由、平等、博愛」，或者美國獨立宣言的「生命權、自由權、追求幸福的權利」。而與西賽羅同期的凱薩大帝，又是如何在戰場自豪說出「我來了、我看到了、我征服了」。

都是三個三個一組！

所以如果想要贏得爭論、說服群眾達到你的目的，那就用三聯法。

不要只相信我說的，馬丁路德・金恩博士也是另一位遵從三法則的忠心人士，他是一位優異的執行者，事實上，他將一切總和，利用三聯法達到最大的修辭效果。

還記得他於一九六三年八月，在林肯紀念堂前臺階的傳奇演講《我有一個夢》（*I Have a Dream*）嗎？演講教練尼克・摩根（Nick Morgan）在《富比士》雜誌提醒我們他如何結束這場演說：

「當我們敲響自由，在每座鄉鎮村莊、每座城市國家敲響自由，我們便能加快讓所有神的孩子、黑人和白人、猶太人和異教徒、新教徒和天主教徒齊聚。」

你抓到重點了嗎？「黑人和白人、猶太人和異教徒、新教徒和天主教徒」。

三個一組！

回到馬丁路德：

「人人手牽著手，唱著黑人靈歌那首老歌：『終於自由了！終於自由了！感謝萬能的神，我們終於自由了！』」

一樣重複了三遍！

有關科學的三三事

我們了解到三胞胎、三段落、三聯法和三語並列法，但是「三」到底有什麼特殊之處？回到一九五六年，哈佛大學認知心理學家喬治・米勒（George Miller）為人類記憶理論奠定了研究基礎，宣稱我們的「短期記憶」只能維持五到九個「資訊區塊」，一個區塊代表一個數字、文字或任何「有意義的單位」。

而針對這個主題，他指標性的論文題目為《神奇的數字七，或加減二》。

然而近年來，許多認知心理學家，如曾經說自己「對人類心智能做與會做的一切都感興趣」的密蘇里大學教授尼爾森・考恩（Nelson Cowan）曾經建議這數字區間應該更小，這也表示所謂短期記憶（我們在短時間內維持一小部分資料數據的能力）及工作記憶（我們在短時間內維持與處理一小部分資訊的能力）必須有所區隔。

考恩告訴我：「許多針對工作記憶的研究匯集在人們最多可以一次記憶三個基本單位、區塊或想法，三是一個很好的基本共識。」

考恩進行「流動記憶跨度」的實驗，受試者收到項目清單，但清單沒頭沒尾，受試者隨即被要求回憶清單最後幾項，考恩告訴我：「人們通常只能記起三個項目。」

他說，事實上不只人類如此：「有些針對蜜蜂的研究顯示牠們可以數到三或四……如此而已。」

科學總是一次又一次回歸到三法則。在二〇一〇年的論文中，考恩提到：「數學模擬模型也顯示，在一些單純假設中，當搜尋條件包含平均三點五個條件時，透過資訊搜尋會更有效。」

模式在此也扮演很重要的角色，因為模式通常是我們如何處理資訊的方式。科學也同樣證實，人們受到三位一組的吸引，是因為我們的大腦總是尋找既定模式。而專家說，「三」恰好是我們看見模式的最小數字。

某事件發生了，就當它是偶然。結果又來第二次？那是巧合，萬一出現三次，我們就看見了既定的模式。它能讓我們思考：「喔，這事件彷彿是可預測的。」讓我們看見了秩序規律，進而有了安全感，產生共識和理解。

花言巧語

當然，看過《我有一個夢》演說的你會注意到演講最後浪潮般的掌聲，當時金恩博士甚至還沒講完。

這是在群眾面前運用三法則的額外收益，讓觀眾在三聯法的最後拍手鼓掌。它真能激發他們想鼓掌的慾望，甚至還有專屬的名稱。學者暨演講教練麥斯・阿特金森（Max Atkinson）寫了一本關於演講的書，叫做《主人的聲音》，裡面善加解釋最棒的演說者如何運用三聯法，試著「抓住」觀眾的掌聲，而他稱之為「花言巧語」。

它如何運作？就是用三個字、三句話、三個片語抓住群眾。如震天巨響——砰！砰！砰！一段又一段，這感覺不停擾動內心，最終的高潮就是如雷的掌聲。

不是只有好人會用這種修辭手法取得最佳成效。

一九六三年一月，就在金恩博士《我有一個夢》知名演說的八個月後，阿拉巴馬州長喬治・華勒斯（George Wallace），白人主義分子兼極端種族隔離支持人士，也可說是反馬丁・金恩者，發表了他的就職演說。

以下這句話，由他的文膽3K黨成員亞薩・卡特（Asa Carter）撰寫：

以曾經在這片土地走動的偉大人士之名，我在塵土間畫出戰線，在暴君面前丟出戰帖……我要說，今日執行的隔離政策絕對會持續到明天，也將永垂不朽。

華勒斯種族歧視意味濃厚的演說還沒收尾，現場瞬間響起如雷掌聲。真的很悲哀！這當然也是三法則奏效了。

比較和對照十五年間，兩位英國工黨前後任領袖在工黨年度大會演說的差異。

一九九六年布萊爾成為首相前在黨部大會最後演說，留下經典話語：「若問我未來政府的三大首要目標，我會告訴你：就是教育、只有教育、還是教育。」

布萊普爾大會堂的觀眾激動鼓掌叫好。

「政治演說的背後，三法則是在示意觀眾何時鼓掌，而非何時開始演說，在這個例子中，『還是』出現在第三、也是最後一次提到『教育』之前，告訴大家布萊爾即將總結演說；而觀眾也以熱烈喝采回應。」心理學家暨溝通專家彼得・布爾（Peter Bull）如此寫道。

●●●

十五年後的工黨領袖艾德・米勒班（Ed Miliband）在利物浦對黨員代表演說。他也想借用布萊爾的修辭手段：「問我今年我做了哪三件重要的事，我告訴各位：我家二兒子山姆出生，我人在場……」他頓了一下，但觀眾沒人拍手。「想必，」布爾寫道，「觀眾還在等待第二和第三件事，因為米勒班說『問我三件最重要的事』。」當場，工黨領袖還得明示大家，才能讓大家懂得提示，隨之熱烈鼓掌。

此時還真想學荷馬・辛普森說：「靠！」

開頭、中間、結尾

三法則不只是一種修辭手段，也是組織我們想法以及論點的守則。根據認知心理學家考恩所言，三法則給的是「穩定的結構」；它給的是「開頭、中間和結尾」。

正如往常，古人在科學的表現總是超群絕倫。亞里斯多德在他的著作《詩學》說過，一個完整的故事有開頭、中間和結尾三個部分！

到了我們當代，波因特學院（Poynter Institute）的羅伊・彼得・克拉克（Roy Peter Clark）在其著作《寫作工具：作家五十種基本策略》對此加以闡述。

「寫一次是為了簡潔有力，第二次是比較對照。第三次是求全、完整與圓滿。」克拉克說道。

在演說、簡報與論述時也能運用相同邏輯。想要讓觀眾覺得你的簡報完整詳盡，不妨在建構評論架構時運用三法則。

假設，如考恩之研究，觀眾只記得你告訴他們的三件事，你希望這三件事會是什麼？

確保你很清楚那三件事是什麼，好讓觀眾離開時，腦海仍留著你想傳達的訊息。最糟糕的莫過於你的論點缺乏架構、淪為閒聊，或毫無邊際。誰想要聽別人東扯西講？你會想要聽那個人說話嗎？當然不會，所以你也別當這種人。

專家們說，你應該這麼做，將你的演講、簡報或論點歸類為：

一、引言

二、主文

三、結論

在主文中，確保你提出三大主要論點。結論時，確保你總結並重複這三大論點。

現在你可能已經了解論點絕對需要有其架構。（而如果你還不知道，現在你知道了！）而三法則就能提供最完美的架構。

事實上，事先告訴你的觀眾或對話者你打算運用三法則。不要害怕告訴他們「有三個我認為你該聽我說的理由」。人們會因此注意你，因為如我們先前討論的，大多數人都認同三的模式，你將這法則大聲說出口，就能提供觀眾方向，讓他們知道要往哪裡走，有更充裕的時間決定是否跟隨你。

另外，如我們先前討論，我們都只能儲存處理短期記憶，一次頂多處理三到四樣新資訊。持續運用三法則會讓觀眾容易跟上你的腳步。

演說簡報技巧網站的創辦人和編輯安德魯・杜勒根（Andrew Dlugan）曾總結各種可以有效運用的三法則，在演說論點架構時能派上用場。

我曾提過一種最基本的方法：引言、主文及結尾，或是「三大要點」、「三個故事」、「贊成、反對與建議」等，也可能是我個人最喜歡的「對某議題運用政治、經濟或道德論點加以闡述」。在我的經驗中，這種方式總是能正中紅心。

三項論點、三件事、三大點。如杜勒根所言，將自己要說的話限縮至三大最佳要點，少於這個數字，不會有人聽你的話，你的訊息不會引人注目，多於它，你的訊息將乏善可陳。

因此，本章結論：如果你想要贏得辯論，運用三法則。它為你的論點指引方向、它能達成修辭良效，也會讓你的論述更有記憶點。

你會所向披靡。

08 柔道招式

我的一切源自柔道，它的最高指導原則便是「用最小的力量，獲取最大的成效」。

——瓏達．魯西（Ronda Rousey），世界摔角選手

一八七〇年代的日本，有一位少年嘉納治五郎在學校一直被霸凌。他身高不到一百六十公分，體重也才四十公斤，體型大的孩子特別喜歡挑他欺負，他們經常將他拖出學校狠狠毆打。絕望至極的他，開始學習想保護自己，儘管父親反對，治五郎仍然去上柔道學校，全心投入武術。

一八八二年時，年僅二十一歲的他成立了自己的武術學校，稱之為柔道講道館，占地不大，僅有十二張榻榻米，位於一處道場內。

到了一九〇九年，四十八歲的治五郎已經成為亞洲第一位入選國際奧林匹克委員會的委員。

一九六四年，在治五郎以七十七歲高齡過世後的二十六年，柔道在東京奧運成為正式的比賽項目。

今天，全球有超過四千萬人修習柔道。說真的，我不是其中之一。我到現在一堂柔道課都沒上過。那我為什麼要在探究辯論的書中，告訴你柔道的歷史和哲學？

我不是靠體能取勝的傢伙，你們應該看過我的照片吧？

就像治五郎，我也曾經被學校裡身材魁梧的同學挑釁。但我跟柔道創始人不同，我一直沒有膽子學習自我防衛。

所以，也許你可想而知——我找到了另一種反擊的方式。沒什麼比口頭爭論更有效了。在我看來，辯論就好比修辭學的武術，唇槍舌戰就像以柔道段式你來我往。

事實上，「柔道」一詞源於日文，意指「彈性」或「順服」。柔道的重要原則之一是**kuzushi**（破勢）。根據維基百科的解釋，這個名詞是來自動詞**kuzusu**（崩潰），意思是指「倒下、拉下、破壞或拆毀。」破勢就是要你將對手拋在地上——不是透過拳打腳踢，而是要讓他們失去立足點，再也無法維持平衡。姿勢正確的前提下，你不需要打倒他們；你可以讓對手因自己的重量而倒地。

我們該如何將這些原則運用在辯論和爭論上？我們經常認為贏得論述的關鍵是絕不退縮，

甚至在面對詭譎的反駁或有力的反方時，加倍奉還，增加攻擊力。上述絕對沒有錯，想要贏得辯論或在爭論時取得上位，你通常需要靈活地借力使力，這就是柔道的方式。只靠持續攻擊、拿出證據，運用幽默感其實並不足夠。

有時候你需要屈從你的對手——不是因為你快輸了，而是因為這麼做可以幫你贏回來。「柔道的哲學……是假使某人打你一拳，你不還手。」紐約聖約翰大學的修辭暨辯論專家史蒂芬・萊諾（Stephen Llano）如此說道。「你要運用那一拳的能量讓他們翻倒在地，氣力盡失。」

優秀的辯論者也會運用同樣技巧，他們會讓對手失去平衡，在對方毫無防備時將他們打倒。這是「以最小的力量達到最大的效果」，瓏達・魯西如此說道。

瓏達在成為世界摔角娛樂冠軍與好萊塢演員前，曾於二〇〇八年北京奧運勇奪柔道銅牌，也是史上首位在奧運柔道項目贏得獎牌的美國女性。

但是又該如何將榻榻米上的原則運用在辯論會堂上？我已經磨亮我摺倒對手的段式好幾十年，以下是三種基本的「柔道招式」，供你用於所有論述：

一、以退為進

有件事在火花四射的辯論或爭論都會出現：你的對手會攻擊你本人、你的論點，或是兩者一起來。辯論演變至此，雙方都會堅持己見主張，並大肆批評對方論點。這都在雙方預料之內，也已經有所準備。這是你們對彼此的期待。但此時你就該如柔道選手那樣思考。

對手將會揭露他們早已寫妥、準備充分的論述，帶著激情與活力想讓觀眾隨之起舞。所以你該怎麼做，讓他們失去平衡？《說理》的作者傑・亨利奇（Jay Heinrichs）表示，你可以借力使力因應，對他們的一兩項主張讓步。

萊諾提議你可以對一項論點稍微讓步，接著說：「但是有一點我覺得說不過去，我要加以抨擊。」不要害怕對觀眾說「對手在這一點說對了」，因為這是在替你自己鋪路，你將有機會可說「但那一點，他們錯了」。

這會讓他們站不住腳——倒地不起，這當然是比喻說法。你會丟一顆變化球，以退為進，分散他們的熱情與能量。對觀眾而言，你才是更講理、更理性的那一位，你在提出反駁論點前，這就會是你為自己塑造的形象。

「我們通常將讓步看成示弱，其實不然，這是在展現力量與自信，讓觀眾看見你的坦率自然，讓他們知道你不是僵化呆板，毫無彈性，流於空想。也許對手是這樣，但你絕對不是！對某些論點讓步，讓你誠實謹慎，更有機會讓對手卸下防衛、迷失方向，不知所措。」作家山姆・萊斯（Sam Leith）如此說道。

當然，針對這種修辭技巧有專門的希臘用語：以退為進（Synchoresis）。柯林斯英文字典將其定義為「在辯論時以一種行為或方式讓步，再以更強大的論點進攻」。

西賽羅是這方面的大師。以下是他如何為客戶羅馬總督弗拉庫斯（Flaccus）在一群希臘證人前抗辯的內容，這位總督被控勒索他人：

「我在此是指全體希臘人；他們學養淵博，我懂；他們懂許多藝術，我知道；我不否認他們善於說話、天賦敏銳、言語流暢；若他們聲稱自己還有其他本事，我更不會反對；但是提供詳盡證據，對真理一絲不苟，看來並不是這個國家崇尚的美德。他們不懂得何謂美德，且對其權威與重要性一無所知。」

請注意西賽羅如何坦承不諱，說希臘人有趣、聰明，雄辯滔滔，全部都與他們在法庭爭論的議題毫無關係，接著開始譴責他們為人不誠實和不公正——這可就嚴重了！也請注意他語調的轉換。他以退為進的手法簡單明瞭，最後的抨擊更充滿堅定的力道。

被西賽羅所啟發，加上我個人對修辭柔道學的努力，二〇一九年我在倫敦的智慧平方辯論大會，針對反錫安和反閃族主義進行演講，以下就是我如何以退為進：

「先說清楚今晚的動議。因為這是你們所有人應以好的良知，進行投票表決的動議：所謂的『反錫安就是反閃族』，並不是說『某些反錫安主義者就是反閃族分子』，但這是事實。它也不是說『反閃族分子者最終將成為反錫安主義者』，但這也是真相，它也不是指『反閃族分子通常打著反錫安的旗幟，當作自己他們行動偏執和種族歧視的藉口』，但這卻再真實不過。因此，我也不會加以反駁。」

看見了嗎？我從一開始便做出一連串善意的讓步。接下來就是我大展身手的時候了。

「但這不是今天的動議。這個動議極其可笑，徹底冒犯，完全不講歷史演進，便認定『反錫安就是反閃族』。光憑反錫安這種個人政治意識形態。記住，在本質、定義與事實而言，就廣義泛指為反閃族，這根本太荒謬了。」

這就是柔道！

二、先發制人

我們通常假定若能在辯論或爭論中擁有最後發言權，就全盤皆贏了。

這不是事實。

事實上，只要牽涉到多位講者的辯論或論述，我通常喜歡打頭陣，第一個上場，而非最後一位。這並不表示讓對手和觀眾留下最深刻的印象不重要，只因為當第一位發言者，能讓你設下辯論風向，讓對手在開口前就先站不穩。

試想：對手信心十足，就要做出強而有力，難以辯駁的論點，一步步往上攀升，走到最終完美的結語。一個接一個地來到無法避免的結論。但假使你能在他們論述之前用你的說詞解決、揭穿甚至屏棄他們所有的主張呢？他們該怎麼辦？你在他們開口說話前就讓他們居於劣勢。你完全搶走了他們的鋒頭——用柔道的說法，就是將他們摺倒在地。

針對對手的論點先發制人，是辯論中所能運用最強大的手段之一。無論何時何地，在你計畫進行陳述或演講時，也應該認真考慮這種靈活手法，好說服觀眾認同你。

事實上，你也許曾聽過講者使用下列的說法：

「我知道你可能會這麼想……」

「你可能聽過別人說……」

「批評者會說……」

然而，先發制人的策略，古希臘人稱之為「設難」（Procatalepsis）（也就是希臘文的「預料」）。古典修辭學家喬治‧肯尼迪（George A. Kennedy）指出，如果這個技巧沒有謹慎運用，可能會讓講者處於劣勢，削弱其信譽，尤其是如果他似乎認同對他不利的強大論點，卻無法以果斷言詞回應。

然而，若能正確、有自信地進行，它可以是毀滅力道十足的柔道段式。如果可以先發制人，何必等對方反駁？

二〇一九年，我為另一場智慧平方辯論會的攻方擔任開場辯士，主題為「西方應切斷與沙烏地阿拉伯的關係」。先發制人就是我的主要策略──在辯方能提出關鍵論點前，加以辨識、預測和破壞該論點。

「我猜今晚我們會聽到反方提到各種『主義』。反方會提到許多藉口。『那麼卡達、土耳其、伊朗該怎麼辦？』沙烏地阿拉伯的辯護者通常會這麼問。而這些國家，沒錯，他們都有重大侵犯人權的行為。相信我，我知道。我曾訪問過他們的領導人，包含卡達，詢問有關人權的議題。但是在這裡要說清楚講明白：今晚我們是要辯論沙烏地阿拉伯的議題，不要讓你被反方言論偏離主題。」

先發制人在修辭上等於讓對手跌倒，這就是破勢！

三、重新架構

我們辯論時，喜歡假裝論點只能解決冷硬的邏輯。但是事實上，許多論點成功與否是仰賴我們運用的語言、譬喻和敘述方式。

人類不會單就事實下結論。我們會進行一番解讀，而這麼做需要考量背景與環境；如專家所言，架構是大腦在特定環境下詮釋處理資訊的「篩選器」。我們會將墮胎視為攻擊未出生孩子的生命權，還是把它視為婦女為自己主權做決定？無論朝哪個方向辯論都可以運用同樣的事實，端看我們選擇的架構為何。

所以，文中的柔道段式是在幫助觀眾，基於事實的框架和適合你方的論點做出結論。這會讓你的對手失去平衡，因為他有可能不會預見情勢如此演變。在正式辯論中，動議會對你較有利，讓你能輕鬆運用，說服別人。不然你搞不好會身陷泥淖，無從辯解，得一路設法緩解或擺脫。

如果你認為動議對你有利，就一路緊跟著它，確保另一方了解你會堅持動議，字字句句都離不開它。

然而，如果動議對你不利，你應該試著重新建構，重新定義，擴大它的意義與訊息。

我在智慧平方辯論會就是這麼做，「西方應切斷與沙烏地阿拉伯的關係」讓我得就內容加以爭論：

「我們得開宗明義提出，此項動議的用字遣詞非常奇特詭異，『切斷關係』並不代表封鎖禁運或轟炸；不表示我們要以對待葉門的方式對待沙烏地阿拉伯，我們也不是呼籲他們發動政變，它真正的意義在於，我們不會再將它視為在中東的最佳盟友，我們不再供應武器，讓他們轟炸阿拉伯世界最貧窮國家的學校、醫院、市場和磨坊；這表示我們不會在聯合國與他們站在一起，讓他們取得聯合國人權委員會的席次，如大衛・卡麥隆之前做的卑鄙行為；這代表我們不會要政府在沙國人民造訪時總是鋪紅地毯熱烈歡迎……這就是我們今晚所謂的切斷關係，而這是我們今晚的爭議點，也是我們今晚要求你們表決的重點。」

我重新架構這場辯論；我讓動議成了我希望且想要的樣子。你可以重新架構或重新定義你想要的動議，尤其是當你對它持反對立場，好比我在沙烏地阿拉伯與西方世界的辯論。

換言之，你也可以質問動議背後的好處。如果對方說「占領區破壞了以色列的自由民主」，你可以加上：「但是，誰說以色列是自由民主的國家呢？」，如果動議說「西方是否應介入敘利亞內亂？」你可以說：「但難道西方還沒有介入敘利亞內亂嗎？」這是讓你不會掉進陷阱的有用作法，扭轉論述方向，並讓你的對手失去立場。質疑一切，不只是事實、數據和論點，還有論述的架構和前提！

同樣的技巧也可以運用在你可能會問的問題上，許多我訪問過的來賓都想要藉由質疑問題的前提以規避我的問題。如果快要輸掉辯論了，重新架構論點或許會非常有效。二〇一九年於牛津辯論社，我主持半島電視臺英文臺的《針鋒相對》時，曾經針對中國與中國共產黨的不當行徑進行辯論。節目進行到一個段落時，我們正討論中國維吾爾穆斯林遭受迫害的困境，我問了節目來賓高志凱——此人向來挺中國政府不遺餘力，為一知名辯士——有關維吾爾族是如何新疆拘留營的受虐現狀。

我說：「維多，這些拘留營會持續多久？」

維多：「首先，我不同意你問題的前提，在我們討論的此時此刻，中國正在興建更多清真寺，遠遠超出其他宗教的建築。」

說真的，質疑問題的前提，其依據的假設以及運用的架構，確實是一個好作法。我曾經在其他人的節目也做過同樣的事。

二〇二〇年，我出現在CNN《庫莫黃金時間》，主持人克里斯・庫莫問了我一個與新聞相關的問題，但我認為新聞報導並不公平。它主要在討論當時民主黨的總統初選，而參選人桑德斯要求參選人拜登否認並為發言人的攻擊言論道歉。庫莫說發言人希拉蕊・羅森並非拜登陣營的正式員工，因此拜登不需要為她背黑鍋。

我如何回應此事？我挑戰他質疑整件事的背景，轉了個風向，重新組織我們的討論架構：

庫莫：「今天，他在推特說拜登應該道歉。」

我：「這個嘛……」

庫莫：「就是提我們剛才討論的內容，希拉蕊．羅森……」

我：「但是這是可以理解的，克里斯。」

庫莫：「明明就不是競選團隊的一員。大家卻都說她代表拜登。」

我：「喔，你嘛幫幫忙，克里斯。」

庫莫：「但是她本來就不屬於拜登團隊。」

我：「拜託喔！」

庫莫：「怎麼了嗎？」

我：「很多『伯尼兄弟會』的成員都被外界指責，說他們講了不好聽的話，但他們也不屬於桑德斯的團隊啊！但媒體和許多民主黨參選人就堅持要伯尼出面負責。所以我不確定這是否有雙重標準耶。我想我們得說清楚講明白，在這件事有所共識。她也許不為拜登陣營工作，但我認為每個人都需要譴責這次競選出現的惡行惡狀，特別是像你主持的這個黃金時段的高格調節目。」

庫莫：「你說得沒錯，那麼，我們就好好來辯論一下吧！」

不要太過頭

我同意作家傑・亨利奇（Jay Heinrichs）所言，讓你的對手失去平衡是贏得爭論最有效的方法之一。

儘管如此，不論是讓步、先發制人，還是重新架構，所有這些修辭柔道學都應該保守運用。不要太過頭，順其自然，否則它們會變得過於刻意，失去價值。

因此在嘗試運用這些技巧時，應該慎選時間地點，如果只在需要時使用這些方法，地點時機正確，那麼你將所向無敵。請記住，柔道的哲學本身不是施以蠻力，而是以更彈性且不著痕跡的方式回應。

嘉納治五郎曾說：「抗拒強大的對手，有可能讓你挫敗，調整規避對手的攻擊，會讓他失去平衡，削弱力量，你便可以擊敗他。」

換句話說，不要害怕調整或規避——就算對手很強大也沒關係。事實上，尤其是對強悍的敵手更應如此。

藉由以退為進、虛以尾蛇和重新架構動議與論點，你可以誘使他們失去平衡，出奇制勝。

09

機智語的藝術

在某種意義上，除非說話時引用機智妙語，否則，就沒有贏家。

——喬治．布希（George W. Bush）

一九八八年夏天，布希讓他的黨、媒體以及社會大眾為之一驚，因為他宣布要請丹．奎爾（Dan Quayle）擔任他的副手。

誰是丹．奎爾？洛杉磯時報稱他是「印地安那州的年輕參議員」。而紐約時報則說他是「在國內默默無聞、四十一歲的有錢保守派人士」。

獲選為共和黨副總統提名人後，奎爾立即因缺乏經驗而備受各界質疑。為了替自己辯護，他開始拿自己與甘迺迪總統的政治生涯比較，讓採訪者與大眾知道，甘迺迪在競選總統前曾在國會待了十四年之久，而他自己也在參、眾兩院有十二年的資歷。

奎爾的民主黨對手則與他截然不同。民主黨的副總統提名人勞埃．本特森（Lloyd Bentsen）

於一九四八年便成為眾議員，此後連任三屆參議員，那年奎爾才一歲。

本特森經驗豐富老練，但問題是他的黃金時代可能已經過了。

正當兩位提名人準備參加一九八八年十月五日於內布拉斯加奧馬哈市政廳舉行的副總統辯論時，丹奎爾是民眾最欣賞的候選人。

「六十七歲的本特森出生在電視發明之前，他的時代已經結束了，他反應完全稱不上快。」二〇一六年洛杉磯時報如此回顧。

不過，奎爾也有致命弱點——他對於自己經歷的解釋，或者說，他根本沒有完整資歷。準備進行辯論前，幕僚不斷告誡他拿自己跟甘迺迪比較可能會反咬他一口。而他徹底忽略，堅持大膽作法。

可以肯定的是，當來自NBC的共同主持人湯姆・布羅考再度問起奎爾的缺乏經驗時，這位共和黨參議員的回應正如大家所料：

「我準備充分，不只因為我在國會的服務經驗，更因為我的溝通領導能力。這與年紀無關；一切攸關我的成就和我的經驗。在這個國家，若要說誰可以有資格參選副總統，捨我其誰。我的豐富國會經驗，就跟甘迺迪當年競選總統時一樣充足。假使再次發生什麼不幸事件，我更足以應付布希政府的官員。」

又來了。引用甘迺迪的言論可不會被視為大膽或原創，只讓人覺得索然無味。憤怒的本特森此時挺身而出，說出一段如今早已成為傳奇的反擊：

「參議員先生，我曾與傑克・甘迺迪共事，我認識甘迺迪，他是我的摯友，參議員先生，你『真的』不是甘迺迪。」

哇！讓各位對於當時市政廳的反應，以下是總統辯論委員會的官方紀錄：「掌聲與歡呼持續許久。」而奎爾的反應呢？一位華盛頓郵報的評論家寫道，這位印地安那州的參議員看起來彷彿知道自己被打得滿地找牙了。

奎爾等著現場叫好聲漸息後，只能對本特森做出軟弱回應：

「我真的沒想過這一點，參議員先生。」

以洛杉磯時報的報導，那句「你『真的』不是傑克・甘迺迪」可以視為總統辯論史上最精采的時刻。它不僅在維基百科有自己的專頁，甚至在流行文化中不斷被惡搞重複，從迪士尼的《森林泰山》（*George of the Jungle*）到電視節目《醜女貝蒂》（*Ugly Betty*）與《超級製作人》（*30 Rock*）都有出現。一九八〇年代末期時，《週六夜現場》（*Saturday Night Live*）甚至找來一位童星扮演奎爾來重現這個場面。

相較於本特森，奎爾等於直接落入自己的弱點陷阱。一句話讓他的缺陷原形畢露，本特森抓住良機，在這場辯論過後十年，甚至連奎爾本人在訪問時都曾經勉強承認那句話確實「說得很好」。

所以何謂機智話？它來自棒球俚語，《基督科學箴言報》曾經說明，它在一九五〇年代被用來描述投手投出快速球，好讓打者完全「措手不及」。一九七〇年代時，它進入美國政界詞庫，代表犀利機智的評語，讓聽者措手不及、帶刺尖銳的嘲諷話。而至二〇二〇年，當波琳・比克福德・杜恩寫了一本有關這主題的作品《機智語摘錄：歷史上最佳俏皮話、反擊語、玩笑及讓人丟麥克風的話》（*The Little Book of Zingers: History's Finest One-Liners, Comebacks, Jests, and Mic-Dropper*）已自成辭典，捕捉偉大俏皮話的效果。比克福德提供了機智語的延伸定義：一種侮辱、諷刺、傷害、反擊、回擊、抱怨、批評、無理的評論、批評的意見、毀滅性的言詞，隱喻時彷彿對象被呼了巴掌。機智語用來破壞對手或其言論，讓他們面紅耳赤，無話可說，就像奎爾。它們會「翻盤」，根據心理學家馬帝・葛羅斯（Mardy Grothe）的說法，它是拉丁文的 **retortus**，意思是「扭轉」，它是完美執行的反擊：它讓針對自己的攻擊翻盤，原本關鍵性的威脅反而成了自己的勝利。

機智語可以有趣輕鬆，但通常也很殘忍。它是武器。「它可以同時是傷害對手的狼牙棒，也是抵擋對手攻擊的盾牌。但也許更最重要的是，它可以建立一個人對抗敵人的優勢。」新聞系教授克里斯・藍博（Chris Lamb）在《政治奚落的藝術》（*The Art of the Political Putdown*）中如此寫道。

我們絕對會記得某人突然絕地反攻，逆轉勝的光彩時刻。所以本特森的機智語在三十年後依舊力道十足。二〇〇八年公共電視臺（PBS）的特別節目回顧了電視辯論節目的歷史，當時的布希總統強調機智語對候選人的重要性。

「雷根在一九八〇年說了一些機智話，後來各位也知道的，非常成功有效。除非機智語有其趣味性，或者到可以引用的程度，否則就不算成功了。」布希說道。

我真不想同意布希總統，但是這位前總統說得真有道理。

擅長機智語的古人

「機智話跟人類歷史一樣久」，比克福德—杜恩（Bickford-Duane）在《機智語摘錄》如此寫道。但是古代希臘羅馬人們也都熱愛偉大俏皮話，這應該不意外吧？記得西賽羅嗎？「藉由將我們的敵人弱化渺小、變得卑鄙或可笑，我們以拐彎抹角的方式，享受戰勝敵人的快感。」

在西賽羅以前，錫諾普的第歐根尼（Diogenes）這位希臘哲學家也是惡名昭彰的麻煩製造大師。此人是西元前四世紀的人物，同樣也是機智語的大師。亞歷山大大帝有一次拜訪他時，問第歐根尼對自己有何要求，承諾他必然有求必應，而第歐根尼請這位偉大的馬其頓君主挪開腳步，不要擋住陽光。

第歐根尼對柏拉圖的諷刺與批評也不遺餘力。他經常打斷柏拉圖的公開演說，帶動觀眾起鬨。聽說在某一次，柏拉圖正在教導學生概念理論，拿了杯子與桌子舉例說明二者的「概念」，在它們實際出現在地球上就已經存在了。

「我看見一張桌子和一個杯子，」第歐根尼打斷他的話說，「但我沒看見它們的概念。」

受夠第歐根尼一直打斷自己，柏拉圖改而用罕見的機智語回應。「這再自然不過了，因為你有眼睛，可以思考桌子和杯子，但你沒有智慧，」柏拉圖拍拍頭側，指指腦袋，「所以看不見桌子和杯子的概念。」

但第歐根尼最後依舊獲勝了，他走向放了杯子的桌子，看看杯子裡，問它是不是空的。柏拉圖點頭時，第歐根尼說道：「『空』的概念有早於空杯子嗎？」

柏拉圖想答案時，第歐根尼湊向前，輕拍柏拉圖的頭袋，說：「我想你會在這裡發現『空』的概念。」

真痛。

比克福德—杜恩在她的書提到，機智語可以是讓人背脊發涼的文字語言，足以使接收者倒抽一口氣，或者做出同樣讓人無言的反駁。

我們又該如何發明創造自己的機智語，加以發揮？

克里斯・藍博在他的書中提到最佳的反擊方式需要「好的耳朵、靈活的腦袋、敏銳的機智，與戲劇化的時機」。他是對的。某些快速思考需要在最佳時機出現。但是說出好的機智語，造成毀滅性的反擊，其實也可靠學習取得。

如果你想要主宰機智語的藝術，以下是三種你需要了解遵從的指南：

一、有所準備

本特森如今留名青史的機智語並非無中生有。丹尼斯・埃卡特（Dennis Eckart），俄亥俄州的民主黨眾議員，在一九八八年準備民主黨副總統提名事務，對上奎爾。洛杉磯時報透露埃卡特花好幾星期的時間觀看奎爾公開談話的錄影帶，注意到這位共和黨候選人不斷提到甘迺迪。「奎爾認為他是甘迺迪！」埃卡特寫在他的黃色記事本上。

埃卡特甚至在與本特森的模擬辯論上扮演奎爾的角色。根據洛杉磯時報，「當模擬辯論開始的時候，埃卡特不斷在本特森面前比較」。

好笑的是，這位德州參議員在這些模擬辯論中不斷激怒埃卡特。他提醒埃卡特及其他顧問，他和甘迺迪共事早已眾所周知，他一度爆出口：「你根本無法與甘迺迪相提並論！」就是這句話。這句話是幕僚不斷鼓勵他直視奎爾，反覆雕琢練習說出來的。

所以「你『真的』不是甘迺迪」絕對不像它看起來或聽起來的即興，就算是像本特森這樣經驗豐富的政治人物都必須努力學習如何完美運用。

但是這帶給我們希望。靠著努力，我們可以靈活運用；我們可以磨練，讓說詞運用得當。即便偉大的演說家讓一切彷彿渾然天成，其實背後有更多擘畫運作。

以苛刻的機智語及擅長挖苦別人著稱的邱吉爾就說過：「最好的即興言論全是事先準備好的。」

就這件事，你還能仰賴史上最傑出的演說家替你想出屬於你的機智語。不要害怕使用或重複運用曾經被其他優異前輩屢試不爽的言詞。投資例如葛羅斯或藍博或比克福德杜恩的作品，搜尋BrainyQuote或ThinkExist，它們整理了人類歷史上最經典的俏皮話或挖苦式的幽默言詞。你還能創造自己的「摘錄筆記」。拿一本空白筆記本，將它分為幾個主題與段落，開始做筆記，再加上自己遇到的有趣或知名的引用語。這些筆記可以追溯至西賽羅、昆提利安和塞內加的年代，後者曾經在書信中運用蜜蜂比喻，解釋聚集與綜合他人想法：

「人們說，我們應該跟蜜蜂一樣，認真篩選適合製造蜂蜜的花朵，然後在蜂巢妥善安排分配帶回去的花粉。」

歷史上有無數的機智語曾經被使用、然後回收再利用的例子，而且不斷出現在辯論或爭論中，每次都能達到毀滅性的效果。

就拿「看在老天爺的份上，走吧！」這句話為例。它一開始出現英國內戰期間，是克倫威爾（Cromwell）在下議院所說的話，一六五三年時，他找了一群武裝分子解散議會，克倫威爾宣稱：

「你們已經在這裡太久，完全沒有做什麼好事。離開吧，我說，讓我們彼此了結。看在老天爺的份上，走吧！」

近三個世紀後，在一九四〇年五月，這句名言再度迴盪在下議院。這次在著名的挪威辯論，討論英國對抗納粹的行為。後排議員席的議會保守派里奧・艾默里斥責總理張伯倫萎靡怯弱，在演講結束前以著名的幾句話作結：

「克倫威爾如此告訴不適任處理國家事務的長期議會：你們已經在這裡太久，完全沒有做什麼好事。離開吧，我說，讓我們彼此了結。看在老天爺的份上，走吧！」

艾默里說了這段克倫威爾的話，語氣冷靜平板，然後便坐下。他不用再多說，三天後，歷史學家馬丁・貝內特（Martyn Bennett）寫道，張伯倫辭去首相職務，並由邱吉爾接任。

而在更近的二〇二二年一月，首相強森面對媒體與反對黨的呼籲督促，要他為了在新冠肺炎封城期間仍大肆舉辦派對而下臺負責。國會激辯時，保守派國會議員及前任政府官員大衛・戴維斯（David Davis）嚴厲譴責。最後他如何作結呢？

「我來以艾默里對張伯倫說的話提醒他，你已經在這裡太久，完全沒有做什麼好事。看在老天爺的份上，走吧！」

下議院全體議員歡聲雷動，強森儘管曾經為邱吉爾作傳，此時卻也張口結舌，無法辯解，甚至裝作自己沒注意到戴維斯的機智語來源。

「我不知道他在說什麼，我不知道他引用這句話是要影射什麼。」

戴維斯引述艾默里（其實是在引述克倫・威爾！）在英國與全球成為頭條。它讓要求強森下臺的聲浪更鉅。六個月後，強森宣布辭去首相職位。

二、簡短扼要

如果你搜尋「最佳辯論機智語」，這裡有一些美國總統辯論場合出現的名言佳句，在不同網站不斷地出現。

「你又來了。」雷根在一九八〇年對卡特說，暗示這位民主黨對手過去曾經對美國人不誠實。

「牛肉在哪裡？」孟岱爾對哈特這麼說，那是一九八四年的民主黨初選辯論，他批評對手的政策平臺，便引述溫蒂漢堡的電視廣告，想出這則著名的標語。廣告中，一位年長婦女生氣質疑漢堡片的大小。

「這是個不精確的數字。」布希在二〇〇〇年對高爾說的話，認為他的民主黨對手利用統計數字誤導社會大眾批評布希的聯邦醫療保險計畫。

「妳讓人喜歡得差不多了，希拉蕊。」歐巴馬在二〇〇八年民主黨總統初選辯論對希拉蕊如此說道，她正自我嘲弄，說她不認為自己「有那麼糟」。

「八〇年代的人們現在努力呼籲要找回以前的外交政策。」歐巴馬在二〇一二年如此對羅姆尼說，嘲笑後者在稍早提過蓋達組織的問題，稱俄羅斯為「絕對毫無疑問，是我們地緣政治的頭號敵人」。

這些辯論機智語有何共通點？簡短、簡潔並切中要害。機智語稱做「俏皮話」是有理由的。機智語最加成的效果，喜劇演員肯德爾・佩恩（Kendall Payne）寫道，你奚落別人的話應該是單一的論述或長一點的句子，尤其如果你是像本特森那樣為了壓軸效果。但是最好不要超過十或十五秒。讓它保持簡短討喜就好。

古希臘的斯巴達人，在諷刺與機智反駁上可是大師——甚至到現在，挖苦型的幽默都被稱為拉科尼式幽默（以拉科尼為名，它是古希臘地區，包含城邦國家斯巴達）。

在一個知名的場合中，馬其頓國王菲力普二世威脅要入侵拉科尼，發訊息給斯巴達領袖，問他們他該以「朋友或敵人」姿態入侵。而他們的回應是？「兩者皆非。」

受挫的菲力普又發出另一項警告：「一旦進入你們領土，我就要將你們毀滅殆盡。」而斯巴達領袖對此的回應是：「如果你做得到的話。」

你的回應越是尖酸挖苦，就讓人覺得更可惡。假使你的對手花了許多篇幅試著解構你的想法，但你卻以一句話打發，效果就更驚人。觀眾絕對不會錯過，甚至就像受挫的菲力浦國王一樣，它會使你的對手暴跳如雷。

三、選擇時機

當說到機智語時，充分準備已經很棒，但若神來一筆會更好。即便是你早就準備好的一句話，若是以毫不經意的方式表達，那更成功，但這並不容易。表達正確的機智語需要時機，即時且及時，在爭辯達到高潮時，用一句話擊敗對方。

時機很重要。記得我二〇一五年英國廣播公司第一臺的《提問時間》受邀進行關於《查理周刊》恐怖攻擊後續，言論自由與伊斯蘭的那一次經驗嗎？當天晚上來賓之一是大衛・史塔基（David Startkey），一位右翼英國歷史學家，先前說了一大堆種族歧視的偏狹言論，包含譴責巴基斯坦的孩童性虐待的文化以及牙買加的城市暴動文化。

那天晚上，他針對巴黎攻擊事件，提到伊斯蘭教義「落後」。他認為，五百多年來，伊斯蘭從未以阿拉伯文寫下什麼重要的話語。他試著扭曲我十年前的言論，說我判斷錯誤的言論，抹黑我是極端主義者。在他漫無邊際的長篇大論中，也不斷提及我是「艾哈・邁德」。

就在此時，我了解到一個事實。我的開場白要有殺傷力，為自己辯駁，讓我可以在接下來的論點切中要害。輪到我回應他的抹黑時，我的機智語庫早就蓄勢待發：

「你沒有說對我的名字——我叫梅迪，不是艾哈・邁德——所以我合理質疑你對我十年前說的話也選擇性地引述。」

《提問時間》攝影棚的觀眾掀起如雷掌聲，淹沒了史塔基的咆哮，他徒勞地想讓論點持續。

當然，我無法事先對史塔基的失態有所準備。相反地，我需要為他的開場白有所準備，準備好在現場諷刺對方，看起來應該只是天時地利，但這種開場白在辯論及爭執非常普遍。

更罕見的是，我們早已有所準備，更能將其整合到自己的言論。就此而言，其實機智語的藝術奠基於我們先前學到的教訓。它必須趣味橫生，即興演出，前提還得加上必須認真傾聽。當你學到這些技巧時，就能掌握對手犯的任何錯誤，好好利用。而當你精進這些技巧時，它們也會幫助你傾聽，並從運用這些技巧的辯士身上學習。

舉例來說，你可以學克里斯・克里斯蒂（Chris Christie），他在二〇一六年二月新罕布夏州曼徹斯特的共和黨總統初選辯論上，讓對手魯比歐的缺點暴露殆盡

來自佛羅里達的參議員魯比歐不斷重複一句臺詞，想要抨擊時任民主黨總統。辯論一開始，他便宣稱：「讓我們釐清一件事，說什麼歐巴馬不知道自己在做什麼，其實他絕對知道自己在幹嘛。歐巴馬有系統地努力改變國家，讓美國更像世界上的其他國家。」

之後在辯論期間，攻擊克里斯蒂過去擔任紐澤西州長的紀錄後，魯比歐說：「我再說一句，讓我們釐清一件事，說什麼歐巴馬不知道自己在做什麼，其實他絕對知道自己在幹嘛。歐巴馬有系統地努力改變國家，讓美國更像世界上的其他國家。」

站在那裡聽魯比歐不斷重複同樣的話，克里斯蒂終於找到契機，他指著這位佛羅里達參議員並轉向現場觀眾。「大家看，華盛頓特區就是這些人，」他說，仍然指著魯比歐。「一開始隨機開嗆，內容根本不正確又不完整，加上硬記死背那二十五秒的句子，根本都是幕僚替他想

好的。」

克里斯蒂只花十二秒，觀眾就彷彿看透了魯比歐。群眾開始歡呼大笑，甚至連魯比歐都尷尬地笑了出來。

克里斯蒂隨後也用機智語提出實質論點：「你看，馬可。當你成了美國總統，當你是一州州長時，硬記死背美國是多麼偉大，沒法解決一個人的問題。」

但魯比歐無法控制自己。幾分鐘後，他持續重複那段話，又一次嘗試批評克里斯蒂的州長紀錄，「克里斯，你的州在兩週前遭遇一場大暴風雪，而你甚至不想回去，」魯比歐說。「他們必須羞辱你才好逼你回去，而之後你只待了三十六小時，結果又開始競選活動，這是事實。」

好吧，又來個新的攻擊點，但可笑的是，這位參議員又說：「底線是，歐巴馬不知道他在做什麼，其實不是事實，他絕對知道自己在做什麼。」

克里斯蒂真的開砲了，聽見魯比歐硬要重複反歐巴馬的言論，他又反擊：「又來了！又來了，就是一定要把自己背起來的二十五秒句子說出口。就是這樣，各位。」

魯比歐毀掉了新罕布夏州那一晚，而克里斯蒂則證明自己是反擊大師，因為他先傾聽，再及時調整言論，切入主題。

克里斯蒂隨後對《紐約時報》這麼說：「俏皮話不經意地出現比事先準備更好，大多數事先準備的臺詞絕對不會達到預期的效果，所以真的要即席演出才有成效，我認為，就是要從觀眾聽到的內容找出素材。」

因此這些機智俏皮的言詞都是藝術。重要的是要認真準備，讓它們簡短有力，你才能成為達人。

一旦辯論開始，言詞交鋒漫天飛舞時，你需要及時切入，這表示你要懂得分辨何時是最佳時機，以便部署自己精心部局的成果；要不就是改變原訂計畫，回應對手講的可笑評論，加以抨擊。

最後一句建言：不要將所有雞蛋放進同一個籃子。內容更重要。如布希所說，俏皮話或許會帶給你勝利感，但是事實上，它可能無法讓你撐過一整晚。

它們可以成為重大戰略之一，你要無所不用其極地挑戰對手、質疑對方信譽、並贏得觀眾的心。只憑一針見血的玩笑話絕對不足讓你成為贏家。

所以切記，機智話可以讓你占上風，甚至提供現場一點樂趣和消遣，但是它們無法達成協議或贏得爭論。在奧哈馬那場與民主黨本特森的辯論時，奎爾輸了，本特森的機智語在幾十年後仍不斷流傳，然而，三個月後，共和黨的奎爾在美國國會大廈前，宣誓成為美國副總統。

10 設計傻瓜陷阱

知道陷阱在哪裡，是閃避陷阱的第一步。

——雷托．亞崔迪公爵（Duke Leto Atreides），電影《沙丘》（*Dune*）角色

一九八〇年代，年輕的我著迷於藍波電影三部曲。《第一滴血》（*Rambo: First Blood*）、《藍波：第一滴血續集》（*Rambo: First Blood Part II*）、《第一滴血第三集》（*Rambo III*），幾十年來，我不知道反覆看過多少次了。

問題來了：在第一部電影中，有多少人最終被席維斯・史特龍，也就是藍波殺死？

儘管電影叫《第一滴血》，但裡面沒有演出藍波殺死任何人。直到第二集和第三集，我們才看見史特龍開始刺死、槍殺或炸光數不盡的敵人。

這位歷經滄桑的越戰退伍軍人躲在叢林，被一心想要懲治他的華盛頓州霍普小鎮（虛構地點）警長追殺時，他用上各種（非致命的）傻瓜陷阱對抗攻擊者，我們看見了尖刺、棍棒、凹

坑等等。警長和他的人馬總是不知道陷阱何時出現，他們只會一腳直接踩進去。

我跟你分享這些老套動作電影的伎倆做什麼？

因為要贏得爭論的最佳手法，就是要走藍波風：設計修辭上的傻瓜陷阱，然後好整以暇放輕鬆，等著對手朝尖刺飛奔。

傻瓜陷阱，韋氏辭典定義是「讓人毫無防備或預料的陷阱」，一種「圈套」。Booby的英文本意源自西班牙文bobo，意思是「愚笨、愚蠢、天真」。本章的重點是在告訴你要運用看起來無害的問題或評論設下圈套──讓你的對手看起來愚蠢、無知──而且，最理想的是無話可說。

傻瓜陷阱為何如此獨特，而且特別危險，就是因為受害人會不知不覺觸動陷阱。在辯論或爭執時，它的成效絕對令人難忘，某人花了數小時準備（或不停說話），結果突然發現自己被炸得血肉橫飛。

你該如何在爭論或正式辯論時設下傻瓜陷阱，又要如何引誘對手走進圈套？哪些修辭陷阱是你在辯論時可以全身而退的？

以下是讓對手措手不及，大呼意外的三大傻瓜陷阱，也是我最喜歡的三種：

一、讓他們掉入自己說話內容的陷阱

如我在「取得證據」的那一章指出，利用對手自己說的話對抗他們，是讓他們言論站不住腳的強大作法，能讓你拔得頭籌。利用對手的言論當傻瓜陷阱，引誘他們與你開始對話，渾然沒發現自己才剛說過同樣的內容，於是進入陷阱。

說真的，這已經是電視節目主持人針對政客或政治人物最喜歡運用的老招數了。尤其是那些有多年受訪或演講經驗的人們。他們有可能忘記自己說過的每句話，如果你可以找出他們過去的言論，足以破壞他們現在的論點，那就可以設下傻瓜陷阱了！

我沒說這很容易。你得加以研究，事先準備，但在社群媒體的時代，不只是政治人物會有一長串的過往言論，你經常可以在對手的臉書或推特帳號中發現值得引述的陷阱，精心設計一連串的攻擊可讓你部署陷阱，讓他們措手不及。重點就是要去做。

二〇一五年，在半島電視臺英文臺，我訪問了退休美國中將麥克・弗林（Michael Flynn，此人後來是川普總統的首任國家安全顧問，僅當了二十三天）。弗林以對伊朗事務鷹派著稱，向來不遺餘力批評歐巴馬與伊斯蘭共和國的核能協議。準備進行訪問前，我的製作團隊和我看了他過去在國會聽證會上的表現，當時他是國防情報局局長，也小看了德黑蘭的威脅。

該設陷阱了！

我：「你一直在伊朗對全球的威脅著墨，甚至開始批判伊朗素行不良。將軍，但針對伊朗，你也說過它『不太可能啟動或不經意地引發衝突，或對美國先發制人』，對嗎？」

弗林：「伊朗，不。我不認為這是……」

我：「你不同意這種說法？」

弗林：「我不認為這是真的。我不認為這是真話。」

我：「但這說法，將軍，是你在二〇一四年二月說的。」

砰！沒什麼比看見對手想不起自己曾經說過的言論，現在又被挖出來打臉更讓人開心的了。對方尷尬發現你揭露了過往，結果一臉無奈。這絕對在對手的意料之外，而如果你可以善加計畫，讓對手在不知情的狀況下引述他的言論，舞臺就是你的了。

即便對手知道這是他們說過的話——但是觀眾不見得知道！

二〇一九年，我在倫敦智慧平方辯論會進行沙烏地阿拉伯與西方世界的辯論時對上中東學者暨作家馬蒙・芬迪（Mamoun Fandy）。他一度設法為沙國政府辯護有關其煽動極端主義的指控，藉由對穆斯林與埃及的兄弟情發表長篇大論，同時宣稱沙烏地阿拉伯乃激進伊斯蘭「基石」的普遍概念，全屬一種「迷思」。

他甚至扯到賓拉登這位前沙國公民為半島電視臺的密友，所有的訪問和錄影帶都有獨家轉播權。他說這句話時朝我訕笑，因為我當時在半島電視臺的英文臺擔任主播。用這種「連坐法」的老技倆，你要確定耶！

但是我沒有被激怒。為什麼？他不偏不倚地觸動我設下的傻瓜陷阱了。我就是想要他明白坦率為沙國的基本教義和極端主義的指控加以辯護，我也想要他提到我個人的背景，好讓我用自己的方式還擊。

「讓我很快地告訴你，馬蒙。你提到了伊斯蘭、馬固迪和庫特布；《基督教科學觀察報》在九〇年代發表了一篇文章，說埃及不該對沙烏地式的伊斯蘭教俯首稱臣。作為學生，我看見信奉基本教派的學生到沙烏地阿拉伯，回來之後到處散發書籍。沙國式的基本教義主張讓埃及人緊張，沙國的影響必須加以遏制。」

這篇文章的作者正是馬蒙・弗迪。勝利的微笑從弗迪的臉上消失。

「算你狠。」

他挖苦我。群眾則對我的言論歡呼。但我最後仍然丟出致命一擊：

「這可是你說過的話，馬蒙。」

二、用矛盾設下陷阱

你們之中許多人曾看過一九九二年羅伯・萊納（Rob Reiner）的電影《軍官與魔鬼》

（*A Few Good Men*）。即便沒看過，你也會熟悉電影場景中那場傳奇的法庭對決。

「我要真相！」湯姆・克魯斯飾演的中尉丹尼爾・凱菲大吼，對證人席的被告揮舞拳頭。「你沒辦法承受真相！」傑克・尼克遜飾演的上校耐森・傑斯厄簡直神主導了這一幕。

這真真切切是電影的魔力，你可能不記得這場來來回回的法庭攻防戰可全部由這句知名的臺詞鋪陳。但這就是海軍律師凱菲為傑斯厄設下的傻瓜陷阱，因為凱菲相信——卻又無法證明——發出「紅色命令」，或者所謂「不成文的體罰」導致海軍一等兵桑迪亞哥之死的，就是傑斯厄。

首先，凱菲請坐在證人席的傑斯厄，在法院重申他的一等兵們從未違反命令：「我們遵守命令，孩子，我們遵守命令，否則有人送命。就是這麼簡單。」

之後，他要傑斯厄指稱自己簽下命令，要讓桑迪亞哥轉走，為了其自身安全，被調離基地，因為桑迪亞哥曾向一位同袍求救。此時，陷阱開始浮現，凱菲強調傑斯厄證詞的矛盾點。「剛才你說得很清楚，你的屬下從來不是自行其事，他們遵守命令，否則有人會死。所以桑迪亞哥不應該有任何危險，不是嗎，上校？」

你可以看出傑斯厄的表情，他瞇起雙眼，彷彿恍然大悟，這位海軍上校正步步踏入陷阱；他也已經在法庭宣誓，但卻言詞矛盾，當場被逮到瑕疵。而他傲慢的回應說明了一切：「你這可惡的混帳。」之後，凱菲得到他的「真相」——正是傑斯厄下了「紅色命令」，殺了桑迪亞哥。

我從青少年時期就熱烈愛上《軍官與魔鬼》這部電影。一九九〇年代我還是北倫敦的高中生，我問一位戲劇課的朋友是否願意和我一起在同儕面前演出法庭這一幕，結果演出當天，他因為生病待在家裡。我在幾十名小孩，以及不怎麼喜歡的戲劇老師面前起身，一人扮演兩個角色，同時擔任湯姆・克魯斯與傑克・尼克遜，也就是凱菲與傑斯厄。我不斷起身，然後坐下，起身又坐下。這是非常奇特的十分鐘表演。

隨著年歲漸長，我也在電視的辯論節目或訪談中，借用凱菲中尉的交叉詰問技巧。二〇一五年，我與知名英國經濟學家保羅・高力爵士（Sir Paul Collier）同坐，面對牛津辯論社的觀眾。儘管丟出自己為自由派與中間派的立場，高力在難民的議題上仍堅持極端保守與反動觀點。他曾經出版一本挑釁意味濃厚的作品《出埃及記：移民如何改變我們的世界》（*Exodus: How Migration Is Changing Our World,*）。我還注意到，他在書中所謂的「本土」英國人的議題自相矛盾，而且是以一種相當冷漠無禮，甚至是攻擊性的手法提出論述。所以我將此列為自己訪問他的重點。

我：「你在書中反覆提到，幾乎每隔一頁就說到本土英國人或本地人的組成，但你也知道這些人其實反映了極右翼的思想。你如何定義本土英國人？何謂本土英國人？」
高力：「呃，我們必須對非移民人口有點概念。」
我：「所以是什麼樣的概念？」
高力：「我指的是，我們也可以用『本土』這個詞來說明。」
我：「但這是什麼意思？」
高力：「呃，如果你對移民有概念的話，你就會知道何謂非移民，不是嗎？」
我：「所以何謂非移民？」
高力：「何謂移民，梅迪？」
我：「呃，所以我算本土英國人？」
高力：「你在英國出生嗎？」
我：「是的。」
高力：「那麼你是英國人，沒錯。」
我：「好，所以是出生在這裡的人就是本土人？」
高力：「這樣是沒錯的，是的。」
我：「好，所以我的問題是，你書中提到，二〇一一年的人口普查，本土英國人將成為少數。人口普查顯示百分之六十三的倫敦人口出生在英國。你的『少數』如果就是你提到的定義，那就是英國白人，那麼你也算是倫敦的少數人口。這是你在《每日郵報》、《新政治家》的許多訪談、文章用的詞……」

高力：「你可以看下一個世代。」

我：「我正在問你一個簡單問題，這是錯誤的嗎？這是錯的，對吧？在你的書中你說本土英國人是自己城市的少數。但他們不是。百分之六十三吶。」

高力：「假使你是想強調什麼……」

我：「我沒有，我是在問我眼前的經濟學教授，他的書是不是出錯了，而且錯得明顯。」

高力：「不，我沒有寫錯。」

我：「還出現在《每日郵報》。」

高力：「不，我沒有寫錯。」

我：「在《新政治家》，《經濟學人》……」

高力：「不，我沒有犯錯。這是一個完全有意義的陳述。」

我：「向我解釋這個意義。」

高力：「本土這個詞？有許多種定義。」

我：「兩分鐘前我問過你，你說在這裡出生的才算。」

高力：「是的，好，我給你一個定義。」

我：「所以無法適用在這裡。你給我的定義……」

高力：「這一定無法適用這種情況。」

我：「所以這樣的情況該適用在哪裡？」

高力：「這適用在……下一個世代。」

我：「下一個世代？根據這句話，我就不是本土英國人啦。」

高力：「嗯，那麼，絕對是，是的。」

我：「我是不是本土英國人？」

高力：「你當然是本土英國人。」

這位得獎經濟學家坐困於自己的言語論述，觀眾爆發笑聲。但高力並沒有笑，當晚他默默離開現場，甚至沒有說再見。

我沒有讓他掙脫自己的論點；我沒有讓他對自己明顯的矛盾揮揮衣袖說再見。反而我讓他聽見自己的矛盾，給他機會解釋，又或許他無法解釋。這就是讓對手陷入傻瓜陷阱了。

三、用問題讓對手掉入陷阱

第三種作法是我們可以利用戰術使陷阱浮現。窮追猛打對手，丟給他直截了當的問題，讓它成為陷阱。

如何只憑問題設下陷阱？很簡單，你問對手一個藉由你的事先準備，你知道他們無法或不能回答的問題。價值不在答案中（或者沒有提供的答案）但光讓他們必須深思問題就夠了。一旦他們偏離方向及節奏，陷阱就出現了。

這是什麼意思？

已故的克里斯多福・希鈞斯（Christopher Hitchens）為英裔美國作家及新聞記者，他是辯論界的大師，深諳辯論技巧。一九九一年波灣戰爭就要一觸即發，CNN辦了一場希鈞斯與傳奇演員，共和黨活躍人物卻爾登・希斯頓（Charlton Heston）的辯論。在直播現場，希鈞斯公開反對伊拉克戰爭，面對此次軍事行動支持者希斯頓時，他用上一個問題作為傻瓜陷阱。

希鈞斯：「讓我來問希斯頓先生一個問題。他可以告訴我，以順時鐘的方向說出，那些是伊拉克的鄰近國家，從科威特開始？」

希斯頓：「當然可以，這些邊境是非常有彈性，我想，伊朗和伊拉克……」

希鈞斯：「你可以的，對嗎？這花不到一分鐘的時間。」

希斯頓：「讓我回答你的問題。科威特、巴林、土耳其、俄羅斯和伊朗。」

希鈞斯：「換句話說，你不知道伊拉克在哪裡，對吧？你不知道這個國家在地圖上的確切位置。而且你要對它進行轟炸，在總統一意孤行下。」

CNN主播巴布．凱恩（Bob Cain）：「希鈞斯先生，我方便打岔一下，我不確定我們現在討論地理位置是要……」

希鈞斯：「喔，我不知道啦，假使我們要轟炸一個國家，或許需要知道它在哪裡。」

希鈞斯有備而來。他決心設下陷阱（「你可以的，對嗎？」），而且早就想好萬一希斯頓閃躲陷阱，該如何因應。畢竟，希斯頓本來可以避免的，他大可以學主播凱恩，指出「目前討論地理位置」並不直接和伊拉克軍事行動有所關連。希鈞斯立刻說出他的妙語：「假使我們要轟炸一個國家，或許需要知道它在哪裡。」

而這位在《十誡》扮演摩西的傢伙並沒有嘗試躲避問題。希斯頓的自尊占了上風，而他直接走入希鈞斯的傻瓜陷阱。他試著回答問題，但方向錯了，結果他直接在數百萬名美國人面前成了大傻瓜。（這裡先講清楚，伊拉克邊境為：科威特、沙烏地阿拉伯、約旦、敘利亞、土耳其和伊朗——如果你還納悶，我是google到的。）

我也用過希鈞斯的戰略，效果完美。二〇一四年，我在牛津辯論社的《針鋒相對》訪問中國作家學者張維為，他力挺中國政府，節目錄到一半，一位觀眾提出北京侵犯西藏人權事件，而我早就蠢蠢欲動，渴望用自己準備好的論點回擊。

我：「這六十年以來，估計有五十萬至一百多萬藏人被殺。」

張：「百分之百錯誤。你可以看統計數字。」

我：「好吧，那你告訴我，從一九五〇年以來，有多少藏人被殺害？」

張：「不，不，不……」

我：「不，你告訴我，有多少人被殺害？」

張：「你可以看一九五〇年的人口統計數字，今天的人口有多少？」

我：「我只是在問一個簡單的問題。研究估計是五十至一百萬間。你在爭論這一點，所以你說到底有多少人死亡？」

張：「這是一個錯誤的問題……」

此時觀眾放聲大笑。張先生自己也笑出來，不過是出於緊張地笑。

在他繼續說話前，他停頓了：

「我不知道答案。」

我：「好吧，如果你不知道這個答案，也許你不應該質疑已經研究出來的結果。」

持續推進，我知道張先生永遠不會同意統計數字，因為它認定中國政府手刃了五十至一百萬藏人。但是這傻瓜陷阱並不足以讓他同意我，只是暴露了他沒有自己的答案。事實上，我想要他不同意我說的話，好讓我可以設下陷阱：

「好吧，那你告訴我，從一九五〇年以來，有多少西藏人被殺害？」

一旦這個問題落入他手中，他便卡住了。

注意，我的問題與希鈞斯的問題都非常直接。因為都與事實有關，對手因此認為它很容易解決，但這就是陷阱所在。因為事實深植於對手寧可避免的主題，如果希鈞斯問：「我們在伊拉克有哪些商務行為？」對手必然對此有所準備，而且應答如流。假使我問張先生，「你要如何回應中國侵犯西藏人權的指控？」他絕對會四兩撥千斤，持續主導先前的答辯。但我的陷阱問題充滿具體實質的細節，超過討論範圍。一旦對手暫停回應你的簡單問題，你就讓他們深陷困境，這種問題比起他們準備好的一般問題更難回答。

我應該為弗迪在倫敦的愚蠢表現、在牛津使高力與張先生陷入陷阱，又或是希鈞斯在CNN智取希斯頓感到難過嗎？

完全不會。在愛與戰爭裡，凡事都是公平的——喔，還有辯論也是，畢竟它也是修辭戰爭。你必須運用你可以取得的雄辯武器。且如前任陸軍特種部隊藍波在華盛頓州叢林那樣，你得事先計畫好，對一切可能發生之事有所準備。利用對手看不見的陷阱，善加佈署驚喜的元素。丟出一個片語、一句引述或一個看起來無害的問題。直到那一瞬間，陷阱生效，舞臺就是你的了。

「我們這次會贏嗎？」藍波在《第一滴血續集》開始時，問他的前任指揮官。藉由放置傻瓜陷阱，你每次都會贏。

11 小心亂槍打鳥的人

反駁廢話所需的能量遠遠超過廢話的能量，而且是以倍數加乘。

——艾爾伯托．布蘭杜里尼（Alberto Brandolini），電腦工程師

那是二〇二〇年美國總統大選競選活動的第一場電視辯論，時任總統川普在克里夫蘭對上前任副總統拜登，克里斯・華勒斯（Chris Wallace）是主持人。距離選舉日還有一個月，但是在新冠肺炎疫情肆虐之際，許多州推出提前投票的選項。川普與他的團隊早就磨刀霍霍要搞事，意圖提出大選正當性與作票嫌疑的謠言。

於是，在辯論的最後階段，華勒斯直接提出問題。他問兩位候選人：「你們兩位對這次選舉的公平性有多少信心？你們準備做些什麼，讓美國民眾相信下一任總統會是大選的合法當選人？」

拜登首先發言，強調他對選舉過程的信任，堅持無論勝敗與否，他都會尊重最後結果。然

後換川普發言。

華勒斯：「總統先生，只有兩分鐘。」

川普：「我聽見拜登提到政權移轉，我贏得總統大選時沒有任何移轉。我贏了選舉。你們都看見那個奸詐的騙子希拉蕊，那些人都一樣，一點改變都沒有，他們全都虎視眈眈，好像我準備發動政變。他們甚至來監視我的團隊。從我贏的那一天，甚至在我贏之前。從我和第一夫人走下電梯的那一天起，他們就是一場大災難。他們是我們國家的恥辱，全被我們識破了，他們全被我逮住了。這些全部都錄下來了，我們逮到他們所有人了。而且順道一提，你提出羅甘法拿來對付弗林將軍。你最好看看錄影帶，因為在某種意義上我們逮到你了，那時歐巴馬甚至還沒卸任。

他也知道這件事。所以不要跟我說什麼政權無痛移轉。只要跟選票有關，它就是一場災難。這是在拉票，是的，沒錯，就是在拉票。你在拉票。你在要求。他們把它丟回來。你把它丟回來，我也做過。他們會在全國各地送出數百萬張的選票。這是欺詐。他們在小溪中發現選票，就有人找到過，上面都是投給川普的，就這麼剛好，那是在選舉日隔天，在垃圾桶找到的，它們被送往全國各地，就有兩分送到民主黨票倉，他們送出一千張選票。每個人有兩張選票，這是前所未見的欺詐罪。另一件事，是好事。因為十一月三日，你們等著看好了，就看到時誰贏了選舉。而我認為我們會做得很好，因為人民對我們的表現很滿意。

但大家知道嗎？我們都不會知道，可能得等上好幾個月，因為這些選票會送到各地，看看在曼哈頓發生的事。看看在紐澤西發生的事。看在維吉尼亞和其他地方發生的事。這不會是輸兩個百分點，或一個百分點，因為這樣太多了。一場選舉可能因為這樣就輸掉了。它們是輸三十或四十個百分點。這就是欺詐，更是一種恥辱。而且，想想看，他們還說，你得在十一月十日前拿到選票。十一月十日。這是在選舉日後的七天，理論上來說，這時應該早就宣布當選了。」

華勒斯：「好的。」

川普：「還有其他較大的州也有這些⋯⋯」

華勒斯：「總統先生，注意時間⋯⋯」

川普：「問題都是由民主黨主導的⋯⋯」

華勒斯：「總統先生，兩分鐘就是兩分鐘。」

川普：「全部都由民主黨主導。」

華勒斯：「川普總統，我⋯⋯」

川普：「這是一場被操弄的選舉。」

此時，兩位候選人爭相發言，誰也不讓誰，直到克里斯・華勒斯最後重拾發言權。但是，天啊！你又該如何在數千萬名的民眾面前，設法駁斥這位前總統漫無邊際、毫無邏輯的咆哮，推翻所有虛偽錯誤的聲明？

以下是我們應該注意的關鍵論點：

在他贏得總統大選後有正式政權移轉。

希拉蕊・柯林頓不是罪犯。

她沒有發動政變。

沒有人監視他的競選團隊。

沒有人被逮到。

錄影帶上沒有看見任何東西。

郵寄選票不是一場災難。

沒有選舉人的重大欺詐事件。

沒有任何選票在小溪中被發現。

沒有人拿到兩張選票。

曼哈頓、紐澤西或維吉尼亞沒有發生任何事情。

沒有人能夠在選舉日後投票。

這場選舉沒有被操弄。

川普兩分鐘內捏造了十幾個謊言、或真或假的事實，各種誇大渲染的言論——等於每九秒就有一個謊言！但是你真的認為華勒斯或拜登有時間或有能力檢驗川普所說的內容嗎？沒有辦法。

這當中甚至存在一種駭人的力量。川普自己沒發現，他正採取一種辯論界稱之為「亂槍打鳥」的說法。這是一種演講策略，引述市井詞典的解釋為：在短時間內說出很多廢話，讓你的對手無法解決，更別說要反駁一切。

它只有一個目的，那就是讓對手被一大堆錯誤、無關或誇張的論點淹沒。

川普的批評者和支持者都同意，在面對對手或訪談者時，這就是川普會選擇的技巧。極左翼作家暨評論家威廉・李佛斯・皮特（William Rivers Pitt）描述這位前總統，認為川普是亂槍打鳥的連任世界冠軍，因為他在辯論、訪談和演講時，每次都如雪崩般摧枯拉朽，毫不經過修正或反駁，就直接丟出一堆亂七八糟、毫無條理的廢話。

從光譜的另一端來看，川普的前白宮首席戰略顧問史蒂芬・班農（Steve Bannon）在二〇一八年接受記者麥克・路易斯（Michael Lewis）的一場訪問中，總結前總統這種作法的原因。班農告訴路易斯：「民主黨不重要，真正的反對黨是媒體，要應付他們，就是把這些狗屁事全都倒出來讓大家看。」

這的確是亂槍打鳥論證在辯論或爭論時的用法，讓你上氣不接下氣，沉浸於排山倒海的錯誤指控與假造話語，在扭曲、偏離和分心的強大洪水中努力探頭呼吸。這些就像從天而降的糞便一次落下，你根本無法不弄髒自己，完美收拾殘局。

「這種亂槍打鳥的論證」卡爾・艾凡尼（Carl Alviani）在石英財經網評論，「完全清楚要釐清錯誤的指控需要更多時間與精力——而你根本沒這時間也沒有精力。」對手會在你張口結舌，無法反駁所有的論點時，趁亂宣稱自己勝利。於是，他們丟出來的各色謊言讓你無從應付。更常看到的是，在你準備駁斥第一個謊言時，對手早已喋喋不休、嘰哩呱啦說了另外十幾個謊話。這就是所謂的冗贅例證。換言之，就是胡說八道。

亂槍打鳥的人想要哄騙觀眾，相信他們那一方的事實及證據。畢竟他們有太多的例子可舉這根本就是花招百出，以深不見底的方式表達。

它是贏得爭論的良方，儘管不誠實，但也很強大。川普也許是亂槍打鳥的大師，但比起亂槍打鳥論證的鼻祖還差得遠。亂槍打鳥的論證是從何而來，而你又要怎麼戰勝它？

亂槍打鳥的精髓

杜安．托伯特．吉許（Duane Tolbert Gish）是一位否認演化的生化科學家，在創意研究所（ICR）擔任副執行長。這間位於達拉斯的偽科學創意研究所一直想要推動「年輕地球」的創意思想為主軸——基於創世紀的宗教觀點，認為地球上的生命源自舊約的神，在一萬年前的某個時間點於六天內創造出來，演化完全沒有在這其間扮演任何角色。但事實上，《聖安東尼奧快報》於二〇一一年的報導指出，這間創意研究所「企圖要求德州讓它能授予科學教育的碩士學位」——當然是以聖經的角度。但是一位聯邦法官在二〇一〇年駁回創意研究所的案件，理由是「其資訊過於冗長、與事實脫節、前後不一、贅述無謂，毫無章法可言」。

但即使吉許的機構無法在德州法庭獲勝，吉許藉由在美國各地的辯論場合與演化學者進行無數次爭論，為創意研究所和年輕地球的創意主義打出知名度。

說明白點，他不是因為實質內容或博學獲勝。他是藉由速度與自信，以及幽默取勝。「他的個人風格讓他所向無敵。」吉許二〇一三年過世時，創意研究所如此讚揚他，也將這些文字寫在訃聞。

「簡單而言，觀眾就是喜歡他。」即便他的批評者如電腦科學家理查・特羅特（Richard Trott）——在不只一次的場合都與吉許僵持攻——也認同後者的「超凡魅力」以及「親切輕鬆陳述論點的天賦」。

陰謀論專家約翰・葛蘭特（John Grant）在《揭穿他！假新聞編輯：如何在誤導訊息的世界中維持理性》（*Debunk It! Fake News Edition: How to Stay Sane in a World of Misinformation*）解釋了吉許的風格和策略的關鍵。

吉許會堅持讓對手先說，在對手結束論點後，吉許開始快速地說上一個小時，滔滔不絕地說出一長串的「事實」，當然，他的辯論對手根本沒機會記下所有這些「事實」，更不用說判斷它們是否屬實。在反駁時，對手原本可以忽略吉許的長篇大論，但這看起來又像是在閃避議題，或者試圖回應所有可能的論點，感覺對方正奮力掙扎，殺出生路。吉許的伎倆非常聰明，靠這手法，他唬過了許多觀眾。

但上述的表達方式缺了什麼？可靠的證據，可驗證的事實，學術佐證。但當下觀眾確實無法看出這些。

根據創意研究所，吉許一生曾參與超過三百場與演化學者的辯論。一九九四年時，看過不真誠且胡說八道的吉許與更傑出、更具資格的學者及科學家進行一場接著一場的正式辯論後，挫折無比的尤金・史考特（Eugene Scott），同時後來也成為國家科學教育中心的執行長，發明了亂槍打鳥的技法，這就是「發揮創意的人士能在正式辯論中用四十五分鐘或一小時，滔滔不絕說出一堆讓演化學者無法反駁的錯誤說法」。

史考特指出當她與這群創意人士一起出現在電視或廣播節目時，她自己曾經得以阻止吉許一干人等，說：「且慢，如果X是這樣，那麼你不會對Y有所期待嗎？」，好讓這些人知道他們的「模式」是錯的。但是在辯論時，演化學者卻必須在這群創意人士亂槍打鳥、胡說八道時閉嘴。

這是你需要在本章學到的關鍵。「胡說八道」是亂槍打鳥論的特色，而不是錯誤。吉許和他的創意夥伴一次次被告知他們的論點是錯的，但他們仍不厭其煩地反芻，以相同速度及方式在一場場的辯論運用。

如《懷疑論》雜誌在一九九六年指出，許多科學家曾經公開指正吉許，但吉許在後來的辯論與著作還在持續重複相同的錯誤……他做得很成功，因為在下一個城市，又有新觀眾和新科學家可以辯論。誰會知道他的論點，在上星期被其他演化學者提出的證據攻破呢？

時至今日，那群否認氣候變遷現象或反對接種疫苗的人也是如此，尤其在線上論壇——無論事實、證據與數字如何說話，它們仍然持續將大量錯誤虛假的訊息注入民眾意識。

事實上，就是這種刻意重複的「胡說八道」，讓吉許的亂槍打鳥與其他類似的戰術如「散播」不一樣。後者是辯論技巧——來自速度（speed）和閱讀（reading）——辯論者盡可能將許多論點在規定的演說時間內一次傳達。

在正式的辯論賽中，每個論點都需要加以反駁，這種逐點詳述的反駁方式是無法實現的。

而亂槍打鳥論證不如「散播」。它很糟糕，屁話連篇！

正如吉許前輩，川普不斷重複已經被公開揭穿，而且會讓他自己名譽掃地的聲明及論點，但他竟然毫不在意，反正不痛不癢！

當然，二〇二〇年的辯論不是只有一場，另外一次是九月在費城市政廳的ＡＢＣ辯論，同樣有現場觀眾。川普令人震驚並駭人地謊話連篇，從新冠肺炎扯到犯罪到健保議題。九十分鐘內，主持人喬治・斯蒂芬諾伯羅斯（George Stephanopoulos）根本無法糾正、爭辯或檢驗這位美國總統對大廳觀眾，以及對電視機前面的觀眾所掀起的一連串謊言風暴。

事實上，在這場辯論結束後，ＣＮＮ的事實檢驗員丹尼爾・戴爾（Daniel Dale）當晚出現在唐・萊蒙（Don Lemmon）的黃金時段節目，想要指正川普冗長虛假的主張，在兩分鐘內，不斷猛烈抨擊：

「他堅持他並沒有針對病毒議題稱讚中國，他反覆這麼說……他宣稱拜登在三月提過這場疫情『完全過度渲染』，我找不出拜登說過這種話的證據。」

最後，戴爾停下來喘口氣，看來沮喪失落：

「唐，這還只是最初的名單，我今晚花了好幾小時的時間驗證事實，名單不只這些，總統先生就像失控的消防栓，不斷冒出水柱般的謊言。」

「你需要喝杯水喘口氣嗎？」萊蒙回應道。「因為還有很多……」

理論上，你就是該這樣應付亂槍打鳥論證：逐一反駁。但我們不是丹尼爾・戴爾，而且我們不可能總會有唐・萊蒙給我們整整兩分鐘的時間。在真實世界中，你很少有機會能逐點反駁。確實，最好的亂槍打鳥就是看準你沒有時間、空間或資源，在一堆眼花繚亂的錯誤事實面前反駁。

所以你該怎麼做？你該如何做出最好的回應？以下是三種打敗亂槍打鳥論證的步驟。

一、挑可打的仗

二〇一三年在牛津辯論社針對伊斯蘭與和平的議題進行辯論時，是我第一次遇到亂槍打鳥的論述。我在前面章節提到傾聽的那場辯論，對手之一就是無所不用其極攻擊伊斯蘭的安・瑪莉・華特斯。她針對我的信仰與共教徒展開毫無意義的攻擊：

「我來告訴各位為什麼大家害怕伊斯蘭。讓我從頭開始：九一一恐怖攻擊；倫敦地鐵爆炸案；馬德里；孟買、峇里島；北奈及利亞；蘇丹；阿富汗；沙烏地阿拉伯；伊朗；葉門；巴基斯坦；叛教分子必死；褻神者必死；通姦者必死；同志必死；性別隔離；性別歧視；男女在法律程序作證的不平等；童婚；截肢；砍頭；因被性侵而入獄；反閃族；罩袍；許多風俗的執行；在阿姆斯特丹大街的藝術商梵谷之死；倫敦大街的死亡威脅；『屠殺羞辱伊斯蘭者』；穆斯林在東倫敦巡邏，告訴人們他們正進入『伊斯蘭教教法治區』；一夫多妻的婚姻；不須新娘同意的婚姻。大家就是因為這樣害怕伊斯蘭，這不是我，也不是我同事……伊斯蘭的行為導致伊斯蘭的恐懼。這才是真實世界。這是我們真實生活的世界。然後，有人說這只是極端伊斯蘭的表現。那麼，讓我們看看沙烏地阿拉伯，也就是伊斯蘭的發源地。」

她在這偏頗概念上亂槍打鳥好幾分鐘，一個接一個地訴說邪惡穆斯林許多荒謬的「案例」，無限上綱。

我知道我得讓她倒地不起……但是該怎麼做？我沒辦法一一解決她引述的案例，為「伊斯蘭恐懼」澄清。計算一下，她在兩分鐘內列舉出三十三項罪行，差不多是每四秒就列舉一項！

這得花上我好幾分鐘，甚至是我全部的演講時間（最長十二分鐘）才能設法反駁每項虛假誤導的陳述。這會讓我處於劣勢，而贏得爭論的關鍵就是讓對手處於劣勢。

如我先前所說，我選擇在最可笑的點集中火力：

「她說沙烏地阿拉伯是『伊斯蘭發源地』，妳只差了一千三百二十二年！還不錯嘛！」

藉由嘲笑駁斥，我讓對手顯得可疑，造就她看來不太聰明的形象。

確實可以從找出最弱的連結的開始。但對於熱愛亂槍打鳥的人而言，如果他們夠聰明，他們就會說你是在吹毛求疵。

「梅迪・哈桑每次都這樣。」華特斯後來針對我反駁她關於沙烏地阿拉伯的論點時如此質問，影射我總愛挑最弱的一環加以攻擊，還視為勝利。但坦白說，這只是亂槍打鳥論證自打嘴巴罷了。

集中在「單一錯誤」或「最糟的點」加以反駁，這不見得總會成功，我也不建議在對手論述有力、前後呼應時運用這種方法。

但如哲學網站Effectiviology也承認，這種方法在你「明確承認你在解決的論點是最糟糕的事實，並解釋你這麼做『有理可循』；有一個需注意的正當理由是，令人存疑的論點將成為主要核心，如果加以反駁，就等於反駁自己的立場」。

面對亂槍打鳥的論述時，你需要能夠快速指出其如消防水柱般的策略弱點，而不是試圖逐一反駁。這不切實際，逐句反駁也不可能。相反的，要將亂槍打鳥者最弱的主張或論點獨立出來，找出它的漏洞，強調並加以諷刺，讓它成為對手整體策略的核心，如此一來，他們就不得不防守了。

二、不要讓步

引述斯蒂芬・班農（Steve Bannon）所說的「把這些狗屁事全都倒出來」時，作家喬納森・勞赫（Jonathan Rauch）曾說過一句話：「這不是說服，而是混淆視聽。」他是對的，川普和吉許運用亂槍打鳥的論證時，目的通常不是要贏得人民的心，而是要模糊焦點。

針對這種戰術，最佳的防守策略就是確保你能中途攔截它們，並且不要讓步，不要讓他們繼續扯下一個謊言。某作家表示，選擇最佳反駁論述時要持續不懈，直到對方受不了，只能坦白一切。

●●●

許多年以來，川普運用他亂槍打鳥的風格，肆無忌憚地讓對手及觀眾迷失方向，而主持人與訪談者往往未經準備，或因時間受限及意志力薄弱，根本難以打斷、指證或停頓來回應他的謬論。

直到二〇二〇年八月，我的朋友喬納森・史旺（Jonathan Swan）擔任Axios國家政治記者時，與這位前總統在HBO頻道節目對談。

川普想針對新冠肺炎提出一堆不可靠的統計數字，好讓他看起來掌控全局。但是史旺不讓他這麼做。史旺懶得提川普那些模稜兩可的疫情指標，直接切入重點：

史旺：「我在看的是死亡人數正在攀升。」

川普：「並沒有。」

史旺：「它指出一天死一千人。」

川普：「如果你看的是死亡人數——」

史旺：「是的，它又開始攀升了。」

之後川普拿出一綑有圖表的紙，試圖即時進行亂槍打鳥論證，並找出任何正面的指標。但是他顯然沒有特別準備，很明顯他沒有準備好，遊戲突然就這樣開始了。

川普：「看這些圖表。」

史旺：「我很樂意。」

川普：「我們要仔細看。」

史旺：「讓我們來看吧。」

川普：「而且，如果你看到每天的死亡」

史旺：「是的，它又開始攀升了。」

川普：「這裡有一個數字。就在這裡，美國是數字最低的國家，我們比全球平均還要更低。」

史旺：「低於全球平均？」

川普：「比歐洲還要低。」

史旺：「這代表著什麼？在哪些項目？」

川普：「看，看一下。就這裡。這裡是案例死亡數。」

史旺：「喔，你把死亡人數以案例比例計算。我說的是死亡人數在人口中的比例。這是美國表現不佳的地方，比南韓、德國及其他國家更糟。」

川普：「你不能這麼說。」

史旺：「為什麼我不行？」

川普：「你必須從這裡開始看。這裡是美國，你必須一個一個看，這些是美國的案例。」

再一次，史旺不願意讓步，不讓川普用無意義的數字把他淹沒。

史旺：「喔，這的確是相關的統計數字，如果美國有X的人口以及X%的死亡人數，比起南韓——」

川普：「不行，因為你要以案例來看。」

史旺：「比方說，看看南韓的數字。五千一百萬人口，三百人死亡。這真的，比起來說，哪個國家比較誇張？」

川普：「你不懂。」

史旺：「我懂。」

川普：「你不了解。」

史旺：「你認為他們會將統計數字造假，南韓？這麼先進的國家？」

川普：「我才不會掉進你的陷阱，因為我和這個國家關係良好。」

史旺：「對啦。」

川普：「但是你不懂。這裡出現高峰了。這裡是其中之一……」

史旺：「德國，九千多人。」

川普：「在這裡，看這裡，美國。」
史旺：「我看。」
川普：「你得看案例數。」
史旺：「好喔。」
川普：「看，我們是最後，就表示我們是第一。」
史旺：「最後？我不知道我們本來是第一。」
川普：「我們表現是最棒的。」
史旺：「什麼？」
川普：「你看嘛，再看一次案例。」
史旺：「好吧，我只是……好吧。」
川普：「我們有案例數，因為有篩檢。」
史旺：「我是指，每天死一千名美國人。但我懂，我知道要參考案例數，這不一樣。」
川普：「不，但是你沒有正確報導，喬納森。」
史旺：「我認為我有。」

請注意史旺如何不讓川普迴避，也沒有踏入這傢伙編的蜘蛛網。當總統試圖指出南韓死亡率不令人信服時，史旺沒有放過檢視這些數字，他將問題丟回去。當川普開始揮舞一堆有圖表數字的資料，企圖找出足以支持他虛假陳述的數據時，史旺自己也看了一遍，並即時揭穿。總歸來說，史旺給川普許多可以反駁的機會，但他不讓總統有機會打倒自己或者允許對方開始胡言亂語。

節目播出後，史旺的訪談爆紅，罕見揭露了川普就是個只會亂槍打鳥的傢伙。我問史旺他為了使前總統爆出錯誤訊息準備了多久。他告訴我：「川普的訪問是所有訪問中最難的，因為他會連續轟炸，把一切扔在你面前，而且可能完全是虛假或捏造的。」

史旺說他在訪問前花了「超多時間」研究，讓自己熟悉川普「一連串的制式回應」，想辦法為問題做準備。「他要怎麼回答，我要怎麼回應？」

他與川普的爭論爆紅，羞辱川普亂槍打鳥的論證一年後，這位Axios記者因這次傑出剪輯後的訪談榮獲艾美獎最佳剪輯訪談的肯定。

三、戳破他們的謊言

借用ＨＢＯ《新聞急先鋒》（*The Newsroom*）主播威爾・馬艾威（Will McAvoy）的一段開場

白：「解決問題的第一步是知道問題所在。」

亂槍打鳥論證是個難以忽略的問題，同時也是挑戰。面對以一連串攻擊、令人印象深刻的主張吸引觀眾的對手，沒有簡單的解決之道。無論他們多愚蠢或者偏離事實，最後看起來都會跟真的一樣，尤其是我們根本沒時間進行驗證！

所以，在丟出議題時，不要害怕「戳破」亂槍打鳥者的伎倆。讓胡說八道的人說自己的話是狗屁，讓觀眾看出對手在做的。無論你是在教室、委員會，還是辯論會堂。確保所有觀眾或電視機前的觀眾，看清楚你在做的。亂槍打鳥就是戰術。不要讓觀眾被哄騙，踏入圈套，甚至認定對手能掌控特定主題，只因為他們滔滔不絕說出所有「事實」。你可以戳破謊言！你可以讓這種戰術和我們第一個技巧一起運用：強調亂槍打鳥者較弱的論點。揭穿你對手的策略，接著將火力集中在他們喋喋不休，反覆再反覆的論點，而且是較弱的論點——並要求他們解釋清楚。有可能他們其實只是透露自己對議題最粗略的理解罷了——就像川普與喬納森・史旺的訪談那樣。

關鍵是揭露出主要戰術。另一位亂槍打鳥論證的例子是俄羅斯總統普丁。近幾年，這位前KGB情報員和他的幕僚在其國家媒體為「消防水柱般的攻勢」做出最完美的詮釋。無論為俄羅斯違法侵略烏克蘭還是干涉美國總統大選辯護，根據蘭德公司的研究，俄羅斯政府的宣傳方法運用了「大量的管道和訊息，不知羞恥地散播部分事實或徹頭徹尾的虛構故事」。

但蘭德公司的研究也提出建議，告訴外界該如何打擊錯誤資訊：「不要期望用玩具水槍般的事實抵抗俄羅斯的消防水柱攻勢，反而應該穿上雨衣，對抗水柱。」

假使與亂槍打鳥者辯論時，你的工作是負責讓觀眾「穿上防護罩」，一開始就要讓觀眾了解這些胡言亂語的人目的何在。告訴觀眾，對手說話的速度，在極短時間內提出他們不斷重申、如洗衣清單般的一連串謊言。你甚至可以指出對手直接運用克姆林宮慣用的宣傳手法，或者指涉對手的行為舉止就與川普同出一轍。

別忘了，觀眾可能沒聽過杜安・托伯特・吉許，但是相信我，大家都認識唐納・川普。

二〇一八年美國期中選舉後，我訪問史蒂芬・羅傑斯（Steven Rogers），福斯頻道固定的來賓以及川普二〇二〇總統大選陣營的諮詢委員會成員。

半島電視臺英文臺的節目團隊與我都知道羅傑斯跟他的老闆一樣，最喜歡用亂槍打鳥的手法進行訪談。他不願意為川普情感操縱的手法辯護，根據我們對他先前在福斯頻道的訪談研究，他自己還會捏造謊言！於是我們積極準備，列出一長串川普的謊言清單。當然，有太多可以選了（華盛頓郵報的事實檢驗員隨後計算出，這位美國第四十五任總統任職四年期間，曾經做出三萬五百七十三個虛假陳述——這只是保守估計）。

我與羅傑斯的訪談時，我決定針對川普在期中選舉前，在記者會與商界圓桌會議時講出口的漫天謊話。

我：「川普說在競選期間，鋼鐵業要開六到七間新廠，美國鋼鐵根本沒有宣布任何措施。為何他會說它們即將宣布新廠？就是在說謊，不是嗎？」

羅傑斯：「不，這不是謊言，有很多企業都要開新廠，鋼鐵界也準備公布……」

我：「抱歉，史蒂芬，這不是他說的話。我知道對你來說很難；我知道你想要為他辯護。」

羅傑斯：「不，這對我來說不難。」

我：「那麼，好吧，讓我來引述好了。『美國鋼鐵宣布它們要興建六座新的製鋼廠』這可是獨一無二的宣稱。美國鋼鐵公司根本沒有建廠計畫，他們說他們沒有宣布興建六間新的製鋼廠。這是他捏造的，他還不斷重複，而且不只一次。」

羅傑斯：「我不知道這些陳述是在哪種情境出現的。但我可以告訴你，美國總統對美國人有求必應，而且美國人做得很好。」

我：「沒關係，美國人本來就做得很好，但我們的總統可能是個騙子。這兩者沒有衝突。」

羅傑斯：「我不會說美國總統是騙子。」

我：「我知道你不會這麼說，但我才告訴你這麼多總統說的謊言，你卻沒辦法針對這些做出回應。」

羅傑斯：「我回應了。你只是沒聽見你想要聽的話。」

我：「我想要聽什麼？我想要聽見到底有沒有製鋼廠。」

羅傑斯：「……我們繼續。」

我：「你想要繼續，因為你知道那是在說謊。」

你有沒有發現這段對談中的三階段步驟？我挑起戰火（製鋼廠）；我沒有退讓（「我知道這對你來說很難；我知道你想要為他辯護」）；我還戳破了亂槍打鳥的論證（「你想要繼續下去，因為你知道那是在說謊」）。而我做得到，因為我有備而來，我做了該做的功課，而且我很有自信。

這段和川普陣營顧問的訪談後來爆紅，在我寫這本書時，在推特已經超過一千萬次的點擊。演員馬克・盧法洛（Mark Ruffalo）和他的七百萬追蹤者分享這段話，寫道：「有一種事叫做真相，今天仍然如此。記者就該這樣做，揭發真相。」

NBC的塞斯・梅耶斯邀請我上他的深夜秀，討論這段訪談，說：「川普陣營跟他的同溫層就是用這種樣板說法唬騙民眾。」

塞斯訪問我時，我告訴他這段話：「同樣的問題到處都有。不幸的是，美國電視臺的訪談者時間資源有限，只想讓節目繼續錄下去。但我做訪問時不想跟他們一樣，我要堅持，我要得到答案。」

面對一個滔滔不絕，謊話一個接一個、不斷誇大說詞的人，你就該這麼做。不用害怕會被打敗，你可以準備就緒，等待他們掉進圈套。

你甚至可以讓他們吞下自己的屁話。

3

PART

檯面下的努力

12 信心就是一切

世界上的演說家只分兩種，一種緊張兮兮，另一種則是滿口謊言。

——馬克．吐溫（Mark Twain）

假使自由派的民主黨選民覺得自己投了票，出線的卻是保守派政府，他們會不會感覺遭到背叛？

當時是二〇一〇年五月，剛好是一世代以來英國大選結果差距最近的一週之後。全國情緒沸騰，右翼保守黨在中間偏左的自由派民主黨支持下，在十三年後首次重新奪回政權。英國六十五年來第一次聯合政府。

那也是我首次出現在BBC的《提問時間》這個英國最多人觀看的時事政論節目。我與四位節目前輩並席，包括夏舜霆男爵（Michael Heseltine），前保守黨內閣大臣，也是傳奇人物，他在一九七九年開播時就曾經出現在《提問時間》，而那年我才剛出生！

當晚主持人大衛・汀伯比（David Dimbleby）先問我：「自由民主黨選民應該有被背叛的感受嗎？」他問，重複某位觀眾一開場就提出的問題。「你說呢，梅迪？」

當時攝影棚有數百名觀眾緊盯著我，我努力思索想要回答。但這是小事，等到節目開播後，全國上下觀眾就有數百萬，我之前參加過幾次節目，但從來不是在《提問時間》的來賓席，也未曾與這些備受尊崇的來賓平起平坐，更別說電視機前有這麼多觀眾了。

我的胃在翻騰，我的心跳加速，全身冒冷汗，但是，這只有我自己知道。

這或許是我第一次出現在觀眾面前，但我那時早就學到，我可以緊張，但絕對不要讓這種感覺破壞我的表現。我內心奔騰，也散發自信——在現場與電視前的觀眾都看得一清二楚。

我第一個答案帶著熱情，口吻肯定不遲疑，在場觀眾熱烈鼓掌。第二個答案也是一樣，接著是第三個。當晚節目尾聲，所有緊張的能量被拋在一旁，我如如不動地面對夏舜霆男爵，也覺得自己很棒，能擾動他的憤怒情緒。

• • •

二〇一〇年第一次上《提問時間》讓我受英國民眾矚目的程度遠遠超過我上任何媒體的接受度。在節目結束前，我電子郵箱早已塞滿數百封支持、讚美的信件。第二天早上在公車及火車，民眾向我攀談並和我握手。我在《新政治家》的編輯之後自豪地告訴《哥倫比亞新聞評論》，我當晚「主導」了整個節目。「第二天當我們走進辦公室時，發現有一大堆人要訂閱我們雜誌，就因為昨晚看過他的節目。」

但是如果我沒有信心，我根本做不到。甚或在瀕臨恐慌時，更不知道該如何召喚自己的信心。多數人想要在成功的演說家或溝通者身上看見什麼？就跟他們想在成功領導者身上看見的一樣，作家卡曼．蓋洛（Carmine Gallo）說：「是信心。」為了贏得辯論，沒有什麼比起自信及展現信心更重要。

專家說，信心不是一種能力或一種特質，它是「對自己的信念」，也就是你在這個可怕浩瀚的世界，足以自信行走的姿態。它也是一種態度，嚴格來說，它可以同時激發你的行動和存在感。

信心讓你能直視某人的眼睛說：「抱歉，你錯了。」（即便在你心中，你懷疑他們可能是對的）。信心是能讓你站在數百名、數千名甚至幾百萬人前面，說出發自內心的話。信心能讓你在生命中被擊倒後，又重新站起。

小說家維吉尼亞．吳爾芙（Virginia Woolf）寫道：「沒有了自信，我們就像搖籃裡的嬰兒。」

維基百科提到，「信心」源自拉丁文fidere，意思是「信任」。所以自信就是「信任自己」。擁有這種能力完成目標是一回事，但是信心能讓你善用這種能力，化能力為成功。引述億萬富翁理查．布萊森（Richard Branson）的說法，「信心滋養信心，負面思考帶來更多負面思考。」

研究甚至認為信心在預測表現上和競爭力同等重要。事實上，信心比專業更重要！二〇〇九年，《新科學人》雜誌引用卡內基梅隆大學唐．摩爾（Don Moore）教授的研究，發現人們「偏好來自較具信心來源的建議，甚至願意原諒此人之前素行不良的紀錄」。

這是有點令人擔心。但是為了勸說他人，它其實突顯了一大重點：信心對於贏得辯論很重要。所以，該如何確保自己有足夠的信心？

建立信心

我就坦白說了，除非你對自己有信心，不然你就是做不到我在做的事情，例如在擠滿群眾的禮堂演說，在數百萬名電視機前的民眾進行現場直播、挑戰世界領袖與公共知識分子等等。

即便是在小時候，我其實也不缺乏自信，我應該就是那種討人厭的小孩，不會先舉手或等待老師叫我，我會粗魯地大聲說出答案。所以，我是否與生俱來就帶有某種程度的信心？沒錯。但在這幾十年間，我是否需要建立、培養甚至時時加強我的信心？絕對需要。

建立自信有各式各樣五花八門的作法，更有一些可以直接練習準備的方式：在事前訓練自己的演說技巧，以便在大日子來臨時不用太焦慮；辯論前做好功課，徹底認識主題；測試你論點的優缺點，好讓你對各式反駁有所準備。我會在下一個章節延伸說明這些方法，它們都很實用且重要。但是每種方法都分別與發展你的爭辯說服能力有關。

本章節我想要專注在心理遊戲上，因為信心可能不是建立在能力，而是深植於某些更超凡的事物——例如我們如何能信任自己。為此，我想要建議三種非傳統，但或許更能「跳出傳統思維」的技巧建立你的信心。

一、想像成功

下次你受邀演講或簡報時，無論對象是朋友或家人，也可能與會者全是同事，我都希望你事先嘗試一件事。簡報訓練學院（the Presentation Training Institute）建議，找個安靜的地方，提前幾小時或幾天都好，閉上眼睛，想像你自己正在演講。想像自己在觀眾面前，大聲自信地發表演說。「看見自己」完美說出每句話，好好表達每項論點，簡潔俐落，前後連貫地將它說出來。

盡可能地詳述，留意房間大小、地板種類及座位數量。想像現場情境，想像朋友或同事對你的笑話開懷大笑，想像他們臉上的微笑，甚至想像結束時他們的掌聲。

這可能聽起來很蠢，但其他人不需要知道。假使你將這項練習付諸行動，並重複練習，直到你清楚每一個片語的轉折點，那麼可預期會出現兩件事。首先，專家說，你會開始對演講更自在，你甚至可能開始期待它。其次，你最終就會發表一場很棒的演講！

「看見」自己成功，會給你信心，讓你知道成功就在不遠處。我在二〇一〇年五月第一次主持《提問時間》時，我早在事先準備時就開始想像現場來賓與觀眾。我計畫了該說的機智語、要設的傻瓜陷阱及想講的笑話。我可以聽見群眾歡呼鼓掌……這一切早在我抵達會場前就已經全在我腦海。

正面想像是建立自信最為巧妙的方法，它更能增進你的表現。當你事前生動地想像現場並不斷練習時，專家說你會「唬過」你的大腦與心智，相信它真的會發生。這是真的。背後有可靠的科學佐證，「如今眾所周知，當我們想像一種動作，並真正執行動作時，我們會刺激同一個大腦區塊。」哈佛心理學教授斯里尼・皮雷（Srini Pillay）在二〇〇九年寫道。「舉例來說，當你想像自己舉起右手，與你真的舉起右手，大腦受到的刺激都是同一個區塊。」

這表示光是想像，就可以幫助我們針對當前任務有所準備。

還有許多研究支持這一點。一項針對「心理練習」的研究，由《英國外科期刊》（*British Journal of Surgery*）公開並由《環球郵報》（*Globe and Mail*）報導，發現資深的外科住院醫師在進行挑戰性的腹腔鏡檢查或微創手術前運用想像技巧練習的一星期後，比起沒做過練習的住院醫師表現更好。另一項研究，由《美國臨床催眠期刊》（*the American Journal of Clinical Hypnosis*）發表，指出「催眠時進行想像，讓排行前幾名的史丹佛大學體操男運動選手，經過一年的努力後，更能完成許多複雜動作，錯誤次數降低，靈活度增加，力量也更集中」。

其實世上一些最優秀的運動員都是利用想像技巧，增強獲勝前的信心。例如史上最偉大的游泳健將麥可．菲爾普斯（Michael Phelps）。「有時候我睡覺時，還真的夢見比賽從開始到結束的過程。」這位得過二十三面奧運金牌得主在二〇〇四年的回憶錄《水面之下》如此寫道。「其他夜裡，在我剛入睡時，我會看見自己真正在做的動作：潛入水裡、划水、翻身、踩踏牆面、瞬間加速，然後來回上百次，直到我完成比賽。」

終極格鬥冠軍賽兩次冠軍得主，混合格鬥武術家康納．麥格雷戈（Conor McGregor）也說過他曾召喚「想像的力量」。在某次影片中，他的教練約翰．卡瓦（John Kavanagh）說麥格雷戈走進會場比賽時，無論觀眾多寡，總是平靜鎮定。

他確實知道格鬥場要發生的一切，因為他在腦海練習了無數次。

他在後臺暖身；他聽見群眾的呼喊；他聞到現場的氣味；他看見觀眾；他全心沉浸在格鬥之夜。當時刻來臨，對許多人而言，他們可能早在安靜的健身房練習八到十二週，然後出場面對一萬五千名觀眾，被場面所震懾。他只是走進會場說道：「這已經是我第一千次做這件事了。」

當你起身面對群眾進行演講時，你也會想讓自己覺得，這已經是自己第一千次做這件事了。因為這就是信心的面貌，這就是信心帶給你的感受，而這也是正面想像可以為你辦到的。

二、接受風險

「當你真的停下來面對恐懼時，你會得到力量、勇氣及信心。」傳奇前第一夫人艾蓮娜．羅斯福（Eleanor Roosevelt）在其著作《在生活中學習》（*You Learn by Living*）如此寫道。「你能夠告訴自己『我經歷過這種恐懼，往後發生什麼事，我都能應付了』。你必須做你認為自己辦不到的事情。」

除非真正嘗試，否則我們無法對自己辦得到的事有信心，這表示你必須「接受風險」，專家也都這麼說。磨練你的信心，你就會知道自己可以接受日常生活的更多風險。因為自信不只是透過成就，也因為我們曾經經歷「風險與失敗」。「信心來自熟練，」知名執行教練梅根．

布魯諾（Megan Bruneau）寫道。「熟練來自經驗。」而經驗來自勇於嘗鮮！

我們如何在公開演講和溝通上建立信心？

自願在群眾面前演講。抓住每個機會在朋友和家人面前演講。演講教練西蒙・特雷瓦森（Simon Trevarthen）說，在你對一群人說話時，要習慣眾人的眼光。

從小事情開始，例如家庭聚會或團隊會議，然後漸漸增加你的觀眾人數，好比發表伴郎致詞、畢業感言等。最好從五個人開始，感受挫敗，從中學習，最後得以在五十人或五百人面前演講。從最小的機會開始把握，往上提昇，或如認知科學家希恩莉・貝洛克（Sian Beilock）在她的書《搞什麼，又凸槌了！》（*Choke*）提到：「即便在很輕微的壓力下練習，也可以避免讓你在很大壓力下出錯。」

在爭論時，挑戰朋友和同事。尋找可以和周遭人辯論的機會，最佳情況是，討論他們比你更清楚的主題。他們會表現得比你好，你可能甚至在試圖打敗他們時覺得自己像個傻瓜。但長遠考量，這會對你很有幫助，讓你感覺爭論是互動成形，又隨之瓦解。這種熟悉感會幫助你在高風險的時機更有信心。

工作時，要求加薪或升職，請老闆給你更多錢或責任，這就是風險高又讓人焦慮的事，不是嗎？但如同羅斯福夫人所言：「你要做自己認為辦不到的事。」不要一時興起，隨興行事，這代價太高了。反之，在論述時要拿出自己最佳表現，也要挑選最佳時機，反正你總是需要開口。即使老闆最後還是拒絕，或是他們目前沒有預算，但你已經主動表現，積極爭取。假使你能成功爭取加薪或升職，最終你會發現，自己在某些抽象議題上更有信心贏得爭論。

接受風險不只需要信心，也可以幫助你建立更多信心，執行教練約翰．巴多尼（John Baldoni）說，我們都能藉此拓展舒適圈，接受更多風險。我自己也是這樣。

我已經習慣在群眾面前發表演說了，我很享受，甚至很期待，但是在一群小孩子面前又是如何？我就不行了。幾年前，我接受我家孩子在伊斯蘭主日學的導師邀約，請我在早會演講。我煩惱了好幾天，不斷重寫我計畫好的致詞。

「我從來沒見過你這樣。」妻子見我緊張準備演講時如此說道。

為什麼？因為這離我的舒適圈太遠了。我曾經在唐寧街十號訪問英國首相。我曾經在電視直播做過無數次的辯論，有時候面對兩、三位反方辯士。但是一屋子都是六、七歲的小孩？我超怕的。儘管如此，我接受風險，我辦到了。結果呢？這個嘛，就我來看，小孩並不討厭我的演說。

自信不是避免失敗，孩子們沒有爆出掌聲，但是它讓你能應付挫敗。接受風險和挫敗讓你知道哪裡出錯，你也知道日子還是得過。作家克萊爾．希普曼觀察，這會創造一種美的循環，因為失敗會幫我們建立信心，而信心會幫助你面對失敗。

「弔詭的是，在你甘願失敗時，你才會成功，畢竟你不會等著一切都是百分百完美。」臨床心理學家及《心理學家為你量身打造的自信心練習題》的作者芭芭拉・馬克威（Barbara Markway）如此寫道：「放手一搏，就能讓你更放得開。」

要不我們也可以思考電臺主持人贊恩・洛威（Zane Lowe）在二〇一五年對肯伊・威斯特（Kanye West）的訪問時所說的話。

肯伊・威斯特：「遊戲就是有輸有贏。」

贊恩・洛威：「你不是贏就是學到教訓，對嗎？」

肯伊・威斯特：「對，你不是贏就是學到教訓。」

這句話如雷貫耳，這是珍寶；我會一直帶著它。

我不確定他是否真的身上「帶著一件珍寶」，但是這是另一本書的故事了。重點是接受風險、經歷失敗，從錯誤中學習，觀察你的信心如何壯大。

三、隨侍在側

我要告訴你一個祕密：大多數人都希望你成功。真的。無論是你的夥伴、父母、小孩，還是陌生的觀眾。事實是，多數人都在為你加油。」

當然，我們的大腦難以吸收這種想法。我們總記得某人在高中時嘲笑我們，而忘記那好幾百位對我們友善的人。如同俗語所說，我們在眾人的微笑中，對著某個人的皺眉反覆咀嚼。

所以，挑戰在於讓自己身邊充滿能增加你信心的人們，而且不要在意那些會讓你失去信心的人。坊間經常流傳愛因斯坦的一句話：「遠離負面的人，他們對每種解決方法都有疑問。」

我很幸運，被許多正向人士圍繞。我有一位好朋友住在澳洲，距離我一萬英哩，但他卻總是隨時準備跟我聊天，講越洋電話，讓我開心振奮。還有我的家人，特別是我住在倫敦的表哥和他的妻子，以及我的小姨子，總是發「太讚了吧！」、「真棒！」和「恭喜你！」的簡訊給我，即便我也沒做什麼了不起的事。

我甚至在華盛頓特區半島電視臺英文臺的直播節目《針鋒相對》結識了一群朋友，而他們還興奮地邀請我加入名叫「針鋒相對啦啦隊」的群組。

這些似乎不足掛齒，但難道不影響我的信心強度嗎？有沒有正面增強的效果？當然有！他們的正面態度影響我本人，他們對我的信任讓我更相信自己。（我應該補充，我家裡也有一位很棒的妻子和兩個小孩，在我過度膨脹時，讓我能腳踏實地！）

我們多半不了解他人的負面態度會如何影響自己。下一章，我會討論更多我們的內在聲音，一種告訴我們可以或不能做的聲音。

當然，我們必須努力確保我們的內在聲音是正面而非負面，我們也必須了解，身旁的人們對我們影響甚鉅，芝加哥大學治療師拉美亞・山慕拉瑟（Rameya Shanmugavelayutham）說：「那些說我們不夠好的聲音都不是真的，而是過去所有批評過我們的言詞總和，我們需要對那些內在批評加以反擊並拒絕它們。」

建設性的批評和回饋是一回事，但是反對者持續吹毛求疵與抱怨又是另外一回事。為了建立信心，你需要將你這一生曾經面對的悲觀主義者、消極分子和失敗主義者、澆冷水的人或莽夫怨婦的聲音加以平衡。讓它們遠離你，把自己拉向正面與正向的聲音。

「切斷我生命中的負面人士，不代表我討厭他們，」瑪莉蓮・夢露（Marilyn Monroe）曾說，「這只是代表我尊重我自己。」

假裝有信心

好，所以這是A計畫。想像成功；身邊充滿正面者；接受風險、失敗、學習並成長；吃苦等於吃補，藉此建立信心。

但是萬一你明天就得上臺呢？但你的信心又不足。還有B計畫嗎？

有沒有聽過老話「裝久了就是你的」？沒錯，就是這樣。

但是二〇一二年艾美．柯蒂（Amy Cuddy），一位哈佛商業學院的社會心理學家為這個老生常談提出修正版本：「除非達到目標，否則不要假裝，達成目標後，你就可以一路假裝成功，直到你真正成功了。」

我們的信心程度在生命中起起伏伏。所有人——無論成就多寡、教育程度高低、有錢有權或有名——都有那種就是無法感受到信心十足的時刻，自信深受打擊。也許因為我們緊張、焦慮，甚至沒有準備。在這種時刻，B計畫就是假裝自己很有信心。反正沒有什麼可以損失，如果你持續並堅持「假裝」，就會開始有所收穫。

流行天后蕾哈娜與《E！新聞》記者曾經有一段這樣的對談：

E！新聞：「在妳沒有信心、害怕一切，覺得怯弱時，妳會怎麼做？」

蕾哈娜：「我會假裝。」

E！新聞：「假裝？」

蕾哈娜：「是的。」

E！新聞：「裝久了就變真的了嗎？」

蕾哈娜：「是啊，有何不可？若不這樣，我就會哭著入睡。誰會想要這樣？隔天醒來雙眼浮腫，根本只是浪費淚水。」

另一種思考的方向是「假裝」的技巧。有美國心理學之父之稱的威廉・詹姆士（William James）說道：「如果你要某種特質，要裝作彷彿你已經擁有它了。」

這個技巧之美在於，就短期而言，裝得「彷彿」你很有自信，更能讓他人信服，覺得你就是這樣，專家也說，長遠來看，假裝「彷彿」有信心，能幫你變得更有信心。

那麼，這個「彷彿」又該如何裝出來？即使你內心並不作此想？我知道一些簡單有效，我也經常練習的方法，特別是當我進行A計畫，卻也需要找B計畫支援的時候。

一、修正你的肢體語言

坐在攝影棚面對受訪者，甚至在訪問開始前，我就可以分辨出哪些人有信心，而他們甚至一個字都還沒說出口。他們是往後靠還是向前傾？他們的手臂是張開還是交叉？他們是正襟危坐還是無精打采？俗話說，當你說話時，總是有兩種對話在進行——你對觀眾所說的話，以及你對觀眾表現的肢體語言。

這樣想好了：在你設法改變某人的感受或態度時，你所說的話只占你要表達的訊息百分之七。百分之七，如此而已。相反地，你的語氣占了百分之三十八，而你的肢體語言占了絕大部分，百分之五十五。這是著名的「七—三八—五五」定律／概念，由加州大學心理學榮譽教授艾伯特．麥拉賓（Albert Mehrabian）在一九七一年寫的作品《沉默的訊息》（*Silent Messages*）中提出。

麥拉賓的研究重現了這個老諺語：行動比言語更有力。但是想想我們在說話時得付出的努力，遠遠超過我們的非口語溝通方式，但後者卻占了我們溝通比例的百分之九十三。因此我們得注意別人眼中的自己。卡曼蓋洛引述的研究顯示，在我們第一次看到某人時，我們會做出迅速判斷，這些第一印象在毫秒間形成，難以抹滅。一切都基於肢體語言與體態，所以何不好好學習善用表達肢體語言？

之前提到展現自信時，都可以藉由單純改變自己的舉手投足達成。所以，這裡是我對改變自己行為舉止時，該做與不該做的一些想法。

- 請「抬起你的下巴和額頭」，自信的人，總是向上看，而不是向下看。
- 請不要交叉手臂，你想要避免採取被動或者「防衛」的姿態。
- 請「立正站好」並抬起你的肩膀，讓你看起來有自信和能掌控一切。

* 請不要無精打采或垂肩聳肩，人們會覺得此人懶散、不可信任及缺乏自信。
* 請「用手勢表達肢體語言」，攤開雙手，打開手心——這表示你沒有什麼好隱瞞的。
* 請不要動來動去，你會讓人覺得你很「緊張」，令人焦慮，甚至無法給人安全感。

肢體語言為何如此重要，有另一關鍵理由：肢體語言讓他人看見你的自信時，你也真能感覺自己很有信心。

舉例來說，柯蒂在她二〇一二年的TED TALK演講中，闡述大量使用肢體語言的重要性，這是「力量姿態」，即便只有兩分鐘，也能讓人們感受你的能量、你的自信，並且有勇氣去冒險。柯蒂說：「我們的非口語溝通行為，確實能主宰我們對自己的想法及感受，而我們的身體會改變我們的心智。」（以下的研究並非複製柯蒂，也就是人體賀爾蒙會產生變化，但是基本概念——即是坦率自然，肢體語言放鬆，確實會讓我們更有自信。）

先注意自己的身體語言，接著，還有你的心理或口語表現。這可以更快展現自信，最終，你整個人都會信心滿滿。

二、為自己發聲

如果你想要成為一個有信心的人，你得聽起來更有自信。如果想要散發出權力和權威感，你也必須用上充滿權力與權威性的嗓音。讓聲音聽起來有自信，跟外表展現出來的自信一樣重要。

聲音顧問朱利安．崔許（Julian Treasure）在他二〇一三年爆紅的TED TALK開場白如此說道：「人類的聲音是我們都會運用的工具，那也許是世界上最有力量的聲音，這是唯一能發起戰爭或說『我愛你』的方式。但我們許多人仍不重視聲音的語調與音量，我們假設『它就是本來的模樣』，但不盡然。即便是最文靜的人也可以學習為自己發聲——並在過程中展現自信。」

在運用聲音為自己發聲時，下列是你該做與不該做的：

- 用丹田說話，深呼吸時平靜深沉，彷彿吸進腹部，然後運用這股氣，以更有氣勢與活力的方式說出你要說的話。
- 請不要小聲嘟囔和喃喃自語。這會讓你顯得遲疑或者憂慮。
- 說話時請「站直」。這會讓你的肺部吸進更多空氣，讓你的聲音更宏亮。
- 不要說太快。我就常常這樣！觀眾需要時間消化論點，如果你不想要越來越緊張，就放慢說話速度。

- 說話時請微笑——但不要無時無刻掛著微笑，在恰當時再展露笑容。即便是講電話時，你也可以「聽見」某人說話時在微笑，對不對？
- 不要害怕停頓。音量很重要，但是偶爾的沉默會使你說的話更有力。它們在營造戲劇效果與展現自信時，可以是非常強大的工具。

最後的一個訣竅來自溝通教練阿奎諾的建議：與遠處的人們對話時，試著讓聲音超越他們的位置，這會讓你提高音量，用力吸氣，確保自己清楚傳達訊息。基本上，這能讓你養成很好的說話習慣。

阿奎諾說：「說話的王道，就是對著某人後方一公尺的位置說話，舉例而言，假使你離某人兩公尺遠，試著大聲說話，聲音要讓離你三公尺遠的人也清楚聽見。」

三、眼神交流

「是眼神，奇哥。它從不說謊。」

電影《疤面煞星》（*Scarface*）的角色東尼．蒙大拿（Tony Montana）說得沒錯。

許多研究顯示眼睛在建立信任、真誠、情感，還有信心上，扮演至關重要的角色。馬克斯普朗克人類認知和腦科學研究所（Max Planck Institute for Human Cognitive and Brain Sciences）的研究人員發現，當人類觀察對方的臉龐時，眼睛基本上是他們掃描資訊的首要器官。

每次我出現在觀眾面前時，無論是《提問時間》、牛津辯論社的辯論會，或是進行主題演講時，我都會認真與觀眾進行眼神交流。因為假使沒有與對方進行眼神交流，你就是無法對另一個人展現自信。

無論你低頭看筆記、手機或者桌面，或是看往他處，逃避別人的眼神，轉移你的目光，都會讓人覺得沒有安全感，焦慮無比。根據溝通專家莉莉安．葛拉斯（Lillian Glass），即《肢體語言的優勢》（*The Body Language Advantage*）的作者，她認為沒什麼比眼神交流更能展現自信：「眼神互動時，就表示你正掌控支配一切，進而建立自己的主導地位。」

提到肢體語言，再怎麼強調眼神交流的重要及力量都不為過，然而許多人卻還是不這麼做！《華爾街日報》報導了一個有三千人的研究，溝通分析公司「量化印象」（Quantified I）發現，成人平均進行眼神交流的時間為百分之三十至六十的時間。然而，分析師說，要與其他人創造「情感交流」，我們應該讓眼神交流拉長至百分之六十到七十的時間。

自信可靠的演講者進行眼神交流，不只在演說當下，也在他們傾聽的同時。傾聽受訪者說話時，我會往前湊近，望著他們的眼睛，表現我的專注程度。儘管如此，不要盯著對方；假使你盯得太久，會讓人覺得不舒服。對此，五十／七十法則就是你的好朋友。演講時維持眼神交流至少一半的時間；傾聽對方，增加至百分之七十的時間。專家說，這是興趣與自信的最佳組合。

切記，無論你是否有自信，眼神交流是展現自信最快、最簡單的方式。尤其是在一群陌生人或廣大群眾面前。我們勢必會不自在，但確實有用，而且一旦產生效果，就更能延長你的自信。

● ● ●

「每次我請求發言時總是異常緊張。每次演說時，我總感覺自己被人品頭論足，不只是針對我的能力，也包括我的人格與名譽。我害怕做出過多自己難以實現的承諾，因為這會顯得我不負責任或言而無信，代表我不守信用，吊兒啷噹。」

是誰說的？就是史上最偉大的演說家西賽羅（Cicero）。即便是他，也坦白承認自己在開口時的焦慮緊張。

不是只有你對自己缺乏信心，這也不是什麼罪過或缺點。這只是人生的一部分。它會影響我們的最佳表現。的確，在公開演說時，信心很難召喚，如果你會怯場，想想地球上有數十億人都與你共享這種心情。

問題是：為了演講，你願意做哪些努力？又能做到什麼程度？

信心並非與生俱來，但可以被教導，靠著學習逐步發展達成。因為儘管西賽羅可能和我們一樣緊張不安，卻也了解擁有自信的重要。此外，他更清楚贏得爭論有多麼需要信心，能讓人所向披靡。

所以想像你的成功，花時間在對的人身上，接受風險，從錯誤中學習。還有，假使你仍然自信不足，讓你停滯不前，就假裝吧：透過你的肢體語言、聲音語調與眼神，展現信心。

「信心教練」喬．愛默生（Jo Emerson）將信心比喻為身體的肌肉。你需要鍛鍊它，就像你鍛鍊其他肌肉一樣，他如是告訴《衛報》。這麼做會讓你維持並增加肌肉。隨著時間過去，你的信心就能持久，全靠你的毅力、努力、成功和失敗。

喜劇演員敏蒂．卡靈（Mindy Kaling）在她的書《為什麼非我不可？》寫道：「信心就好比尊重，需要付出代價才能得到。」當然，即便是像蕾哈娜、西賽羅，或者千禧年世代的任何人，有時候都還是得假裝一下。

13 保持冷靜，繼續努力

要像隻鴨子。表面平靜，但在水面下死命地划水。

——米高・肯恩（Michael Caine）

二〇一〇年冬天，那天寒風刺骨，我是牛津大學默頓學院的辯論小組成員之一，面對許多大學生與研究生，室內空氣同樣冷冽。這場辯論由奧威爾基金會舉辦，主題是《二十一世紀，有什麼事是不能講的？》。

作家道格拉斯・默瑞（Douglas Murray）正在演講，而我一面聆聽，一面微笑。為什麼？容我稍後敘述。

默瑞是能言善道的右翼辯論家。他曾經發表類似言論如「歐洲穆斯林會嚴重衝擊各領域與階層」；英國需要「少一點伊斯蘭」以避免恐怖攻擊；還有「倫敦已變成外國城市」，因為白人居民的數字持續下降。聽起來很吸引人吧？

二〇一〇年代，我住在英國時，經常同意與他在電視上辯論，現在回想起來，是有點後悔又丟臉。無論是在《提問時間》、《每日政治》，還是《星期日早晨秀》，任何你想得到的節目，我們都會進行辯論。英國電視製作人似乎滿享受我們在直播節目擦出的火花。

那晚在牛津大學，我剛好和他同一組，我專注聆聽默瑞不斷訴說伊斯蘭與穆斯林對西方言論自由會有多麼危險可怕。默瑞將伊斯蘭先知稱為「狂人、瘋子，也可說是騙子」，甚至指控他涉及兒童性侵害。

不管你相不相信，聽到這裡我真的笑了。事實上，在寫這一章時，我又看了一次YouTube，上面有那天的影片。沒錯，當默瑞針對我宗教信仰的創立者做出以上的怪誕言論，以及煽動性強又錯誤百出的指控時，我真的笑了。

我一位穆斯林朋友稍後在線上觀看這起事件時，問我為何在默瑞抹黑我們敬愛的聖先知時，面帶微笑。

「你不想打斷他，對他大吼嗎？」

我的回應是：正因為我想要對他發火，我才咬緊牙關，尷尬微笑。

這裡要說清楚，默瑞正在誘導我，當他大放厥詞時，我就坐在他旁邊不到六十公分的地方。他想要我這位穆斯林小組成員在公開場合，對自由言論的重要性勃然大怒，大吼大叫，企圖蓋過他的批評。他想要扮演謹慎小心的言論自由擁護者，讓我這位怒不可遏的穆斯林猛烈攻擊他。

要是上鉤，我就完了。我得試著冷靜。老實說，身為熱愛尊敬聖先知的穆斯林，這真的很困難，實在令人心痛。儘管如此，輪到我發言時，我卻能利用自己的言論，使他的伊斯蘭恐懼症冷卻，同時引述真實的證據與數字。

所以，這個故事的真義為何？如果我可以保持冷靜，你也可以。

沉著冷靜，鎮定自若

如果在爭論時失去冷靜，你可能就輸了，就是這麼簡單。為了讓你的論點聽起來令人信服，贏得觀眾的心，你必須鎮定自若。現在，我們在先前的章節也討論過，恰如其分的憤怒，以及熱情、能量及情感，都有適合其發揮的角色和場合。但這並不代表你就可以失態，不去控制自己的情緒。

為什麼？為何保持冷靜如此重要？

首先，緊張或發飆會破壞你表達目的的能力。你生氣、激動或慌張時，會苦於解釋自己的立場。在你面紅耳赤時，會失去專注力，完全不知道自己要說什麼，也無法聽清楚對手的言論。

再怎麼駑鈍的對手都會看得出來，他們激怒了你、惹惱了你，讓你失去平衡，他們絕對會窮追猛打。他們會感受你的弱點。做出煽動性或者攻擊性的言論。打斷你，或者對你進行人身攻擊！

而且，別忘了你有觀眾。如果你失去冷靜自持，你也會失去觀眾。他們會知道你在防衛自己，彷彿自走砲，甚至讓人覺得你怪裡怪氣。

只要是辯論時，無論是在說故事、提出證據、認真聆聽，又或是想與觀眾有所連結，只要不夠冷靜，你就無法成功。萬一你被惹怒，或甚至根本無法克制自己的憤怒，那麼你所有辛苦建立的論述技巧都會付諸流水。

所以，在計畫進行大型演說、爭論或訪問時，你應該沉著冷靜、鎮定自若。那麼要如何做到？在壓力山大的情境下，要如何讓壓力無感？

每個人都有不同的作法。布萊爾時期脾氣出了名火爆的通訊大臣阿拉斯泰爾・坎貝爾（Alastair Campbell）在首相任內早期喜歡拿尖銳物刺向掌心，好提醒自己在公開場合要冷靜，不要對身邊的人大吼。

《觀察家報》曾經報導，在提供訴訟證據，支持工黨議員喬治・蓋洛威（George Galloway）涉及誹謗的官司時，坎貝爾利用女兒的玩具鴨尖喙刺了自己。當他受到英國議會外國事務委員會的議員，針對侵略伊拉克進行質詢時，他用別針戳自己。

二〇〇三年《觀察家報》透露，當同儕取回布萊爾首相通訊大臣用過的小抄時，上面沾滿了血跡。

我自己傾向不要濺血啦，我也建議你這麼做。因為到頭來血跡很難清乾淨。以下是我針對辯論或爭論中，如何保持冷靜的三大重點：

一、呼吸

「呼吸錯亂時，心智就不穩，一旦呼吸平靜，心靈也跟著沉靜了。」這些智慧話語來自《哈達瑜伽經》（*Hatha Yoga Pradipika*），由十五世紀的斯瓦米・斯瓦特瑪拉瑪（Swami Svātmārāma）撰寫。時至今日，五百多年之後，科學家也跟隨斯瓦特瑪拉瑪的腳步，發現呼吸真能幫助我們控制感受。

二〇一七年，時代雜誌報導了一篇《科學》期刊發表的論文。史丹佛大學生物化學家馬克・克拉斯諾（Mark Krasnow）研究一群老鼠腦幹的三千個神經元。這種灰質會控制老鼠呼吸速度快慢，研究者發現它和藍斑核有關，這是大腦中心組織，與注意力、刺激與恐慌相關。

它與腦內其他組織的連結表示，如果我們可以讓呼吸緩和，例如藉由深呼吸或慢慢呼吸，這些神經元就無法對刺激中心發出訊號，也不會在大腦中過度活躍。所以你在緩和呼吸同時，心靈隨之也平靜了。克拉斯諾如此告訴時代雜誌。

「深呼吸。」這是在我們小時候只要發脾氣時就會反覆聽見的老招。但是它可是經過科學驗證的老招。無論你是在接受直播訪問、在講堂對數百人演講，又或是與夥伴私下爭論時，深呼吸都是在傳送訊息到你的大腦，根據專家所言，讓你放輕鬆的「訊息」，會從大腦傳送至你的身體。

簡單做幾次深呼吸，可以讓你的神經緩和、心跳變慢，輸送一些血液回流至大腦。這對身心靈都很有幫助。

每個星期天早晨，當我準備主持MSNBC的每週直播節目時，我敏銳意識到北美有數百萬名即將看見或聽見我說話的觀眾。我會深吸一口氣，然後，我就覺得自己準備就緒了。在接下來的一小時內，我會快速發表評論與報導，面對友善或好戰的來賓。是深呼吸讓我專注其中。

你可能不只想專注於呼吸及其他正式的呼吸訓練，搞不好你也會想嘗試瑜伽。有許多方法可以加以選擇。你可以嘗試「四－七－八」技巧，也就是所謂的「放鬆呼吸法」，在每四、七、八秒時，切換呼吸吐納的週期。

也可以嘗試SKY法，即所謂的「淨化呼吸法」（Sudarshan Kriya Yoga），它是五種連續不同的呼吸練習。還有「噘嘴式呼吸」，就是讓呼吸更慢，更有效率，並需要更多的規律。以上方法都試試看，研究不同的選項，並找出最適合自己的方式。

在《小子難纏二》（*The Karate Kid II*）中，當我們的英雄丹尼爾沮喪時，他的啟蒙導師宮城先生告訴他什麼？

「當你覺得生命沒有目標時，要回歸生命的基礎……呼吸。沒有呼吸，就沒有生命。」

想知道我個人的座右銘之一是什麼嗎？那就是「聽宮城先生的話」。

二、大笑

我們已經知道大笑會如何幫助你贏得觀眾的心，卸下對手防衛。但它也能幫助你在雲霄飛車式的辯論過程中保持沉穩。

「幽默是人生的避震器，」雷根總統的前演講撰稿人佩吉．努南（Peggy Noonan）如此寫道。「它能幫助我們承受打擊。」

要怎麼做？科學明白指出，腦內啡以及讓我們「感覺良好」的神經傳導物質，如血清素和多巴胺，可以幫助我們冷靜，處於超級正面的情緒。此外，皮質醇是身體主要的壓力賀爾蒙，大笑能促進腦內啡、血清素與多巴胺分泌，同時減少皮質醇在血液的濃度，因此它確實有冷靜和抒壓的效果。

以下讓大家思考一下：一九九〇年時，有個實驗室研究公開了，受試者被告知他們每十二分鐘就要接受一次電擊。但這只是謊言，但是當他們準備接受電擊時，又被分為三組，每組分別聆聽一部幽默、不幽默或什麼都沒有的錄音帶。每一次十二分鐘過後，各組的焦慮急切度就倍增，研究發現，幽默組的受試者持續將自己評為較不焦慮，將受電擊時，回報壓力增加的情形更少。

大笑可以作為讓身心靈冷靜的良方。然而，在令人緊繃的情境下，你不見得會有好笑的音檔可以聽。因此，你必須自己找出笑點。

二〇一〇年，我和默瑞在牛津辯論社交手時，我就是這麼做的，我在想對手到處拋出令人厭惡的言論有多可笑，此人一心要讓我的言論變得不理性，加以回擊。他想要觸發一連串的效應，但是他的話明明就在挖洞給自己跳，讓他無法脫身。

別忘了大笑！這也帶我們認識幽默的第二優點，它讓人冷靜下來，為我們帶來大量的腦內啡，同時幫助我們改進我們的觀點，知名的心理學家羅洛·梅（Rollo May）也說：「運用幽默是在保有自我，這是感受自己與問題『適當距離』的健康方式，也能用不同角度檢視問題。」如暢銷作家安笛·克雷默（Andie Kramer）所寫，這讓我們足以克服自己面對的恐怖情境，給予我們掌控權。

要是可以微笑、甚至大笑，你就能將高壓情境轉換成「荒謬情境」，這能讓你放鬆，我保證。優秀的領袖暨演說家林肯總統非常了解幽默的好處，一八六二年九月二十二日，這位總統與內閣召開會議，當時南北戰爭戰火正酣，他希望他們認同他的《解放奴隸宣言》草案，使聯邦幾百萬受奴役的人民重獲自由。會議在血腥的安提頓戰役發生後五天舉行，這場戰役也是美國歷史上最慘烈的一日戰役，林肯知道他的內閣部長們全都焦慮緊繃。

提出這項嚴肅無比的宣言前，總統需要使房間裡的大家冷靜下來，放鬆心情。於是他大聲朗誦一本幽默故事集，開始這場會議，歷史學家馬瑞・彼得森（Merrill D. Peterson）寫道：「他不時停頓大笑，最後結束朗誦。之後，他將書放在一旁，問內閣：『各位怎麼不笑？像我這樣日夜緊繃，如果不笑的話我可能會死吧，你們都跟我一樣，需要一種良藥，就是幽默。』」

三、自言自語

在沒有預警的情況下，他額頭上的疤再度灼痛，他的胃開始恐怖翻攪。

「別這樣。」他堅定地說，在疼痛再度發作時，搓搓額頭上的疤。

「發瘋的第一個徵兆，就是自言自語。」牆上空白畫像說話了，聲音狡猾奸詐。

——《哈利波特：鳳凰會的密令》（*Harry Potter and the Order of the Phoenix*）

自言自語向來都被負面看待，可是，哈利波特沒做錯。這不是「發瘋的第一個徵兆」，而是一種在緊張情境下保持冷靜的有效技巧。

事實是，在危機或災難出現，我們都會出現內在聲音。我們都會在人生某些時刻進行內心獨白。問題是：如何確保這些內在聲音成為穩定自己的力量，而不是警訊？我們要如何運用它，在爭論激烈，心跳加快時，仍然沉著自持？

心理學家稱呼我們提供自己建議，回應我們的想法、情緒、希望和恐懼為「自言自語」。幾乎無時無刻，大腦都會不斷進行各種評論，可能是正面的說著「我好棒」，也有可能是負面的罵著「我爛透了」。而且這一切發生只在一瞬間。

但是最有效的方法之一，就是讓自言自語化為優勢。你只需要做出關鍵但微小的改變：擺脫「我」這個思維，與其安靜地以第一人稱跟自己對話，改以第三人稱跟自己說話會更有效果。

對，這聽起來有些瘋狂，但實則不然。

二〇一七年發表了一份研究，來自密西根州立大學與密西根大學的心理學家，他們確定以第三人稱稱呼自己的自言自語，會讓民眾看待自己的角度近似於他們看其他人的角度，讓他們產生「心理距離」，更能穩穩控制自己的情緒。結論是，以第三人稱跟自己說話，是一種相對較輕鬆的自我控制形式。

我知道你現在納悶了。大家真的都這麼做嗎？梅迪真的會自言自語？沒錯，真的。下一次你在電視上看到我訪問來賓，唇槍舌戰時，不妨看清：即便是我正跟他們大聲鬥嘴，我內心正冷靜告訴自己不要失控，好好穩住：「專心，梅迪！」、「不要上當！」、「你做到了！」

你能操控的事

名作家暨激勵演說家偉恩・戴爾（Wayne Dyer）常說：「你永遠無法控制外界發生的一切，但是你可以控制自己看待事情的角度。」

在任何情況下保持冷靜的關鍵，就是提醒自己掌控了全局，這都是出自你的情緒，而你可以主宰它們。至於「外界的一切」，即便無法控制，你也可以置之不理。「退一步海闊天空」，如果可以這樣想，事情就不會太糟了。

想要把笑話說得完美，卻搞砸了？沒什麼大不了，總有其他笑話可講。

搞丟小抄，想不起來自己要說什麼嗎？那就自我解嘲，開開自己玩笑吧！

對手在觀眾面前以致命話語貶低羞辱你？那就附和對方，試著看看自己是否有足夠的時間反擊。

說到反擊，我在二〇一六年用上我所有的禪式技巧，無意間設計了絕佳的練習情境，那次我訪問三次世界拳擊冠軍維塔利・克利奇科（Vitali Klitschko）。

克利奇科兩年前曾經是基輔的民選市長，這段訪談的目的是討論烏克蘭國內政治，還有烏國政府與俄國撐腰的分離主義分子在烏東的持續衝突。訪談開始前，這位一百九十多公分，一百多公斤，別名為「鐵拳博士」的克利奇科，請我進行訪談時說慢一點。

「我的英文不太好。」當他將龐大身軀塞進我面前的小椅子時這麼告訴我。

「當然。」我說，然後以各位刻板印象中的歐陸觀光客口吻開始訪談。我的說話速度超慢，聲音超大（「你……可以……告訴……我……羅馬競技場……怎麼走嗎？」）

在這段十一分鐘的預錄訪談中，我講話的速度回到正常的快速步調，我卻完全沒注意對方開始有些不爽了，在我問起克利奇科與某位烏克蘭黑幫老大的密切關聯，更是火上加油，他也極力否認。最後在訪談接近尾聲時，這位前任拳擊冠軍從椅子站起身，他的臉因憤怒而面紅耳赤，矗立在我面前，用他的伊萬・德拉格斯克（Ivan Dragoesque）口音說：「你說過你會講慢一點的！」

如何在這種情形下保持冷靜？說實在的，我嚇壞了。克利奇科的手臂看起來是我整個人的兩倍粗！我咕噥道歉，但我心中又想：「如果他現在打我，我會死的。」而另一部分的我又想：「但如果他打我，這段影片會爆紅！」

我承認，當時這麼想其實蠻荒謬可笑的。但回頭看，我心底其實是在微笑，而且這也讓我冷靜，避免我和我的大嘴巴讓情況升溫。

顯然我沉著鎮靜，保持沉默（但心裡自言自語！）；在這種奇特情境下，我還幽默面對（大笑！）；而我可能也在短時間內不斷深呼吸好幾次吧（呼吸！）。

繼續生活

二次世界大戰有份宣傳海報在一九三九年由英國政府廣發宣傳：「保持冷靜，繼續生活」已經成為網路熱門梗圖。對我而言，最後四個字「繼續生活」跟前面四個字一樣重要。善用冷靜，將其當作一種工具，確實能帶你走上很長一段路。有時候你得努力堅持，不論感覺有多糟，或是情境有多難捱。真的，不管你相信與否，勝利最終就在不遠處。

一九九六年廣受好評的喜劇電影《鳥籠》（*The Birdcage*），阿爾曼．高德曼對他經常歇斯底里的夥伴艾伯特提出建議，在我看來，真是再睿智不過。

艾伯特：「喔，天啊，我把吐司烤焦了！」

阿爾曼：「又怎樣，最重要的是不要在發生這種事情時崩潰。你得表現像個男人一樣冷靜。你必須告訴你自己：『艾伯特，你把吐司烤焦了，又怎樣？又不是世界末日。』再拿另一片就好。」

艾伯特：「艾伯特，你把吐司烤焦了，又怎樣？你是對的，沒有必要為這事歇斯底里。我只需要記住：我可以再拿一片吐司。」

當下的壓力可能排山倒海，情緒可能會爆發、災難可能會湧現。但當你保持冷靜繼續生活時，你仍然可以好好走下去，或是贏得爭論。喔對了，而且，還是可以再拿吐司的。

14 熟能生巧

練習越多，你就會表現得越好，恐懼也會逐漸消失。重複、重複、再重複。

——阿諾．史瓦辛格（Arnold Schwarzenegger）

我們來認識一下德摩斯梯尼（Demosthenes），他在七歲成了孤兒，由私吞他繼承遺產的監護人撫養長大。二十歲時他上法庭控告監護人，他的名字從此在古雅典揚名立萬。不久後，他成為著名的專業演說撰稿人，開始他風風火火的演講生涯。他也是律師與政治人物，演說內容流芳百世，甚至啟發了古羅馬人、美國開國元老至二次世界大戰的法國抵抗運動成員。

羅馬詩人尤維納利斯（Juvenal）稱德摩斯梯尼為「一位如靈感如巨型噴泉源源不絕的天才」，羅馬教育家昆提利安則讚美他是「雄辯出色的標準典範」，而羅馬演說家西賽羅雖然也並非拙於修辭，但他更稱德摩斯梯尼為「完美的演說家」。

懂了嗎？身為公開演說家，德摩斯梯尼就是個狠角色。

但你猜怎麼著？一開始，德摩斯梯尼其實是非常爛的演說者，在《希臘羅馬英豪列傳》（*Parallel Lives*）中，希臘歷史學家普魯塔克（Plutarch）說年輕的德摩斯梯尼飽受演說障礙之苦，因「聲音微弱」、「呼吸短促」而備受嘲笑，令他下定決心要改善精進，你知道德模斯梯尼如何克服他的弱點嗎？

普魯塔克寫道，年輕的德摩斯梯尼開始進行一項「地下研究」，讓他可以每天潛心研究，毫不間斷，塑造他的行動，強化自己的聲調。他待在那裡兩三個月之久。他甚至剃光自己一半的頭髮，確保自己會丟臉、尷尬到離不開自己的地下碉堡到外面「丟人現眼」。

關於他的演說障礙，普魯塔克稱之為「口齒不清，跟口吃沒兩樣」。你知道德摩斯梯尼如何克服這項弱點嗎？他在嘴裡放進鵝卵石來練習演說。沒錯，放石頭！就這樣，呼吸短促的缺點就解決了。根據普魯塔克，這位演說家以上坡跑步時一口氣說完一段演說或韻文作為練習，改善了他的耐力。

三十幾歲時，德摩斯梯尼已經可以發表慷慨激昂的公開演說，也就是現今著名的《反腓力辭》（*The Philippics*），以對抗馬其頓國王菲力普二世，即亞歷山大大帝父親的侵略。他的演說是如此激勵人心，作家史蒂芬．約翰（Stenven John）表示，聽完他的演說後，雅典人幾乎就要回家拿起武器對抗他們的馬其頓侵略者了。約翰引述德摩斯梯尼傳世的偉大著作《第三反腓力辭》（*Third Philippic*）：

你們如今身處困境，因為你們沒有完成任何義務，無論多渺小或恢宏。當然，假使你們做了應做的事，但仍處在這種邪佞情境，你們甚至無法期待會有任何改善。正因如此，腓力征服了你們的怠惰與漠不關心；但他還沒有征服雅典，你們並沒有潰敗，你們甚至尚未行動。

在此用各種讚美文字誇讚德摩斯梯尼的傑出優異，以及他背後付出多少心血也不為過，我認為，德摩斯梯尼就是演說足以學習精進的最佳典範，也就是說，假使你致力克服弱點，你的進步將不可同日而語。

這年頭，一般公認演說的本事是與生俱來的，很多人如此看待我們這種常經常出現在電視上的人，覺得我們就是很會即興發揮、講點機智語，隨時都能妙語如珠。大家以為這對我們來說跟呼吸一樣自然，無須練習、訓練和準備。

喔，我真希望就是這樣！但事實並非如此。當我在某個場合發表十到十五分鐘的演講時，觀眾看見我，覺得我就是能者，但他們看不見的是，我為了發表演說，幾天、幾個星期，甚至好幾個月前，便早已做足準備，不只研究撰稿，也在心裡或獨處時大聲朗誦，善加練習。馬克．吐溫也打趣地說：「要準備一場很厲害的即興演說，需要三個星期以上的準備期。」

事實是，所有優秀的演說家或辯論家，都不是一面演說，一面草擬文稿，當然某些時刻或許需要即興演出或見機行事。但引述執行長暨溝通顧問桑默斯．懷特（Somers W）：，「百分之九十的傑出演說，都是在講者踏上講臺前，就已經決定好了。」為了成功，你需要對討論的主題加以準備，也需要不斷練習，才能表達清楚。

你會想讓它聽來渾然天成——這自然需要一番努力。但這對你來說是件好事，表示你可以學習將它做好，就像古代的德摩斯梯尼。關於公開演講，我可以給你最重要的建議，那就是「不要即興演出」。

準備。練習。知道一切需要時間，但也要知道，你可以將它做好。

不只是德摩斯梯尼才這麼做

我們以為每位好的演說家和偉大的演說家都是天生的，實則不然。兩百年以來，出現了兩位偉大的英語演說人物：邱吉爾和馬丁路德．金恩博士。信不信由你，他們兩位認真不懈，兢兢業業，才成為我們現在熟知的知名演說家。

一、《我們將在沙灘上奮戰到底》（*Fight on the Beaches*）

讓我們從邱吉爾開始。他還是孩子時有口吃的毛病，說話結結巴巴，口齒不清，而且很靦腆。即便是在二十多歲進入政治圈時，他對於演說仍有心理障礙。早期有一位觀察家指出：「邱吉爾先生對演說不怎麼熟悉，我也不認為以後會有所進步。」

一九〇四年，當時二十九歲的邱吉爾在下議院發表演說。剛開始很順利，他侃侃而談，能量滿滿，他甚至不用小抄，單純靠記憶演說，就在內容即將攀頂時，他的自傳作者寫道，這位年輕的保守黨議員突然失去方向了。

「而這仰賴那些……」他開始說，結果在中途停了下來。他又試了一次。

「而這仰賴那些……」再一次，他的話語漸弱，布萊特（Brett）與凱特・馬凱（Kate McKay）夫婦寫道。

這對年輕的邱吉爾而言，那整整三分鐘就像一輩子那麼長！他努力搜尋正確的話語，卻徒勞無功。下議院的議員們開始「捉弄」他，馬凱說道。「感謝下議院的各位願意聆聽我的演說。」他臉紅做結，匆匆坐下，雙手摀著臉。

然而，到了一九四〇年，同樣的這一位邱吉爾呼籲幾百萬名英國人，告訴大家必須揮灑熱血、認真努力，流淚流汗，在沙灘上與納粹對抗到底。他不再是那個不知所措的年輕人。

一九五三年，他對歷史與傳記的細膩描述，也因其傑出優秀的演說表現得到諾貝爾文學獎。

他是如何成為「傑出優秀的」諾貝爾文學獎得主，每每發表演說都是字字鏗鏘，啟發人心？全靠練習與準備。

前首相強森身為邱吉爾傳記作家之一，認為邱吉爾的演說「絕對是經過努力與準備的成果，所有的片語修辭都字字斟酌，詳加修飾，彷彿悉心舔舐清理小熊的母熊」。

邱吉爾決心絕對不要像那些「起身時根本不知道自己要說什麼；演說時，也不知道自己在說什麼；坐下時，還不知道自己說了什麼」的演說家。

強森也提到一九〇四年的國會事件：「他之後再也沒有犯過同樣錯誤，他收好自己用打字機寫好的筆記，釘在一起，不覺得在座位偷瞄小抄有什麼好丟臉的。邱吉爾的演說正如西賽羅，都是渾然天成，足以成為文學經典的作品。」

邱吉爾會完整寫出講稿：他甚至寫下所有事先計畫的停頓點，但他不是大聲將講稿朗讀出來。事實上，如他另一位傳記作家威廉・曼徹斯特（William Manchester）指出，邱吉爾投入大量時間反覆演練他的演說，當發表時刻來臨時，他只需要偶爾瞄一下小抄，觀眾可一點都不知情。

他的結巴口吃問題呢？在戶外散步時，邱吉爾會試著用文字解決這個問題，利用S開頭的，重覆念出可笑的句子，例如The Spanish ships I cannot see since they are not in sight.（我看不見西班牙的船艦，因為它們不在視線範圍內。）

後來，他也曾大聲宣稱：「我的口吃不是障礙。」無論何時何地，邱吉爾都會找機會練習演說。他的貼身男僕諾曼．麥高文（Norman McGowan）說起他曾經聽見老闆在浴缸喃喃自語。「您需要我嗎？」男僕急著問。「我不是在跟你說話，諾曼，」邱吉爾回應道。「我是在對下議院發表演說。」

二、《我有一個夢》（*I have a dream*）

美國歷史上最知名的演說片段，也是練習與準備的有力證明，那就是馬丁路德．金恩博士的《我有一個夢》。

金恩博士畢竟是家族第四代的浸信會牧師，邱吉爾欠缺的即興創作本事，對他來說是渾然天成，但若認定他那些精采的政治演說乃不經思索，信手拈來，未曾經過大量時間縝密思索計畫，撰寫講稿，那你就錯了。

「外界對金恩的看法之一，就是認為他所有的演說素材乃即興演出，沒有重覆，其實大錯特錯。」史丹佛大學馬丁金恩博士研究教育研究所金恩文獻計畫（the King Papers Project at

Stanford University's Martin Luther King, Jr. Research and Education Institute）的助理編輯史黛西・齊瓦德・考斯特洛（Stacey Zwald Costello）如此說道。「事實是，他用了大量時間精力準備演說，重複利用素材，在不同場合以不同方式加以運用，以傳達他的理念。」

「大家都知道金恩博士發表《我有一個夢》時，沒有帶任何小抄，多半來自當下的即興創作，」作家暨執行教練史考特・艾布林（Scott Eblin）說。「不為人所知的是，這篇演說就跟他在華盛頓大遊行之前的其他演說一樣，他用了好幾個月，甚至好幾年的時間準備。他把握機會，熟記自己要說的話，在其他場合實際實驗可行和不可行的作法，以便在國家廣場這種重大集會場所聽起來不會太突兀。」

他投入了很多時間，但即便如此，有報導指出在他踏上林肯紀念堂，對二十五萬人發表他最著名演說的前一晚，金恩博士直到凌晨四點都還沒睡，反覆修改和撰寫演講稿。

想想看，最偉大的演說家如德摩斯梯尼和馬丁・金恩博士都必須練習演說的技巧，他們必須針對自己的演說練習和準備——針對風格、內容、語氣、表達方式及相關事物精進。所以呢？你也是一樣。抱歉，對於這件事沒有什麼好爭辯的。

那麼，你該如何針對公開演講練習準備？就我的經驗來看，最好是從公開演出開始：你的外表、聲音，並悉心算計演講段落需要的時間。這些因素會因你的自信與冷靜受益，如我們在先前章節所提。它們也會需要結合實務研究，下一章節我們將會提及。

但光有信心與知識並不足夠。你需要某種程度的臺風，這是表演的魔力，讓觀眾全神貫注。溝通教練卡曼．蓋洛（Carmine Gallo）在他的書《跟TED學表達，讓世界記住你：用更有說服力的方式行銷你和你的構想》如此寫道：「假使你的語調、手勢及肢體語言跟說出來的話語不一致，觀眾也不會信服你帶給他們的訊息，這好比擁有一輛法拉利（很棒的故事）卻不知道如何駕駛（表達）。」

讓我們學會如何駕駛。以下是我自己對練習準備臺風的三大建議：

一、「外表」練習

記得德摩斯梯尼嗎？他會在鏡子前反覆演練他的演說，你也應該如此。站在鏡子前面。聽起來有點怪，但你需要試著和自己對話。看見你自己，以及鏡中的自己，然後開始演說。

檢視你的姿態，確保演說的時候沒有垂頭喪氣，左搖右晃。

也要檢查自己的臉部表情。你演講時，臉上的「表情」是怎樣的？它是否表達充分，恰到好處？它是否符合你說話的內容，與你自己的形象一致？你會不會在提供壞消息時微笑，傳達好消息時卻皺眉？

你需要智慧型手機，我們跟德摩斯梯尼相距好幾千年，我們有優勢。

錄下自己大聲說話的樣子，你就能看見聽見自己對他人說話時，對方所看到、聽到的你是什麼樣子。試著關掉音量，觀看影片，執行長珍．葛蘭茲（Jen Glantz）如此建議，這樣才能專心在你的臉部表情與肢體語言，看它們對你的演說是助力或阻力。「單純看見自己動作，會讓你更清楚自己的外在表現，」蓋洛寫道，「你可以藉此減少多餘無謂的動作手勢。」（額外的建議：我可以保證，一旦能自在看見或聽見自己在影片上的表現，你會發現自己在他人面前演講也會更加輕鬆。）

讓我在此承認：如果你一開始看見自己時，覺得尷尬不知所措，其實你不孤單。我對自己的臉部表情困擾已久，曾有稱之為「生氣的穆斯林」表情。

我會看起來又憤怒又緊繃，身為成年穆斯林男性，緊繃憤怒會帶來各種不必要（也不公平的）假設與意義！這是我得在電視上與公開場合努力改進的事，那就是盡量不要看起來好像想把某人的頭咬掉的樣子！

不只是臉，也要注意你的手。你是否過度運用手勢？還是用得太少？你是否做出奇怪動作而不自知？一旦你開始注意後，會發現其實它非常普遍，我本人也有這毛病。一位曾經共事的電視製作人告訴我，我在攝影機前說話時，他想要把我的手綁起來！

我設法避免這個下場，但我還在努力，這需要長時間的練習。當你與自己對話時，無論是在攝影機還是鏡子前面，舉止要表現得像是在與家人朋友聊天一樣。手勢只在你需要強調某件事時運用，否則，請讓雙手保持在身體兩側。假使你發現這樣會顯得很刻意、不自然，那麼就用手握住講臺兩側，或者「雙手緊握」（我自己偏好的選項）。重點是，不要刻意避免手勢，但要有目的地運用，而非隨意亂用。

二、練習你的「聲音」

在我結婚前，我不知道自己每天會這樣討論我的語調聲音，我不知道，我根本不清楚自己說話時有各種不同的語調。之後我發現，自己不只說話有不同語調，甚至常常用錯口氣，我還以為自己是成了人家的丈夫，沒想到我還得當音樂劇演員。我真正用來溝通的語調音量，其實在我家並不受歡迎。喔不！所以我才在這裡跟你說這些話。

傳奇喜劇演員傑瑞．賽恩菲爾德（Jerry Seinfeld）在他早期的單口相聲中，曾經即興演出一段每位公開演說家需要留意的真理：「你說話的語調會改變人們傾聽的方式，甚至他們傾聽的意願。」據說德國哲學家尼采（Friedrich Nietzsche）曾經觀察到，我們通常拒絕接受一項提議，只是因為對方的聲音、語氣聽起來像是一點同理心都沒有。

你有注意過自己的聲音給對方什麼感覺嗎？你是否曾經留意自己對群眾演講時聲音的變化？也許你也有音量語調的問題，例如賽恩菲爾德就曾經讓配偶和朋友好心提醒你，以下是你可以開始努力的方向：

說話有四項基本面向，演講教練海倫・馮・達戴爾贊（Helen von Dadelszen）如此說道，也是我們所知的4P：腔調（pitch）、音量（power）、速度（pace）和停頓（pause）。

腔調是你聲音的語氣。

音量是你說話時音量「是大聲或小聲」。

速度是你說話的快慢。

停頓是你在句子或聲明間的休息時間。

4P需要經常練習，以臻完美。再次強調，智慧型手機會是你的良伴。

首先，記錄你所說的話，判斷你的音量大小。你聽起來像在大叫嗎？會不會太小聲？確保人們能聽見你的話很重要，但聽起來令人覺得放鬆、容易傾聽也很重要。萬一需要改變音量，就是看你想不想讓人感到喜悅、幽默，或是悲傷恐懼。你也會想要調整音量，也許你正提到個人軼事或者公開聲明。

同理，應該依據你所處的場合而有所調整。你是處於隔音良好的禮堂，還是塞滿人的會議室？你的音量應能根據地點加以改變，如果可以的話，你應該在正確的地點加以練習。這意味著記錄自己說的話，然後將手機放在目標觀眾要坐的位置；如果你要在大型會議室演說，要在會議室最遠的地方錄音，而不是距離你臉十公分的地方。

接著，傾聽自己的說話。偉大的詩人暨作家馬雅・安傑洛（Maya Angelou）觀察到，話語超越了白紙黑字，人類的聲音賦予它們更深的意義。

就實際面來看，每位公開演講專家也同意，這說明了一件事：如果你像機器人，語氣單調呆板，觀眾會想睡覺。最更令人反感的，莫過於演說者的語氣沉悶無趣。

現在該加入腔調和停頓了，哪些用語是你應該強調的？又該以哪種方式強調？你是否會在句子間變換語氣？你是否會在正確時機停頓，產生戲劇化的誇張效果？策略性的停頓可以讓你有機會喘口氣，觀眾也有機會「消化」你剛所說的話。

然而，應小心注意所謂的「聽得見的停頓」，那些句子間無意義的口語，如「嗯」、「啊」，還有「你知道的」等。它們會讓觀眾高度反感，如果想要在演說中減少這些填補詞，第一件要做的事就是留意你的口頭禪！（我不是提醒你要記錄你說的話嗎？）注意自己如何表達，也不要喃喃自語。許多公開演說家都有這個大毛病。我曾經在直播時硬把自己的話吞下去，而且我還不知道自己在做什麼，直到一位製作人為我指出盲點。這是我仍然需要奮戰的方向，畢竟你可能也注意到了，假使你是我的觀眾，你會看到我是說話速度很快的人。

然後，我們要提到速度，這也是我的弱點。某些時候確實需要「加快速度」，好激起觀眾的興奮感，馮．達戴爾贊如此表示。這會讓他們全神貫注。但也有要放慢語速的時候，以確保他們跟得上，能處理你提出的論點。每位優秀的演說家都要學習如何靈活運用二者，交替利用，不僅可以幫助聽者吸收你的論點，也可讓傾聽變得更加有趣，讓人想要投入其中。

如果你像我一樣，你會需要刻意放慢速度，比起加快速度，這更需要勤加練習。這對初次登場的演說者很常見，卻也難以發現。腎上腺素竄流的你，渴望表達你的觀點，但結果你整個人聽起來就像加快播放速度的播客。

藉由記錄自己說的話，你能夠聽見他人是如何聽見你的——這才是關鍵。別像《星際大戰》裡飾演凱羅．忍的好萊塢巨星亞當．崔佛（Adam Driver），他在二〇一九年氣沖沖地離開電臺專訪，因為主持人播放一段他在電影唱歌的影片。崔佛似乎難以忍受聽見自己的聲音。（當然你也不用再去聽了，那是原力的黑暗面！）

4P需要大量的練習，尤其是如果你不習慣在公開場合演說。身為兩個孩子的父親，我總是發現大聲朗誦兒童故事書以及表演不同角色對話對於練習4P來說超級有用，而且非常自然，尤其是腔調。

專業溝通教練海倫·馮達戴爾贊也同意：「大聲唸出童書，讓你有絕佳機會探索聲音的幅度，創造更多的變化，而且還很好玩！」即便沒有小孩，挑一本自己喜歡的書，試著唸出其中的對話，改變你聲音的語調，不同角色用上不同種類的情緒，絕對能讓你眼界大開，你會知道，光用聲音就可以完成多少事。

三、練習時機點

無論是在辯論比賽、主題演講，或者是在直播節目，你幾乎總是有自己的時段，或是規畫好的時程表。你得遵守這個時間，不僅因為得避免破壞規則，也因為你不想惹惱主持人，或者失去觀眾。

以下是針對控制你的演說，最後一項練習建議：控制說話的時間。不斷反覆去做，直到你熟悉到連作夢都能在精準的時間內提出你的論點。

好處不只是遵守時程表。事前認真練習時間，可確保你的演講或簡報到位。這也可以讓你比較不會漫無目的閒扯，畢竟閒聊對公開演說幾乎等同敲了喪鐘。我保證，不會有人想要聽你花二十分鐘講一個故事，因為你本來可以說兩個故事的。如果你已經確定自己簡報關鍵部分的所需時間，你就不會陷入這種陷阱。

抓住時機點也會讓你更輕鬆應付大日子的來臨。你可能會在正式辯論或工作會議中，發現自己需要解決新的議題或提供新的反駁。但是你仍需要跟緊你現有的時間限制。假使你已經對自己的結構和內容超級嫻熟，徹底了解你的演講，那麼改變一小段內容並不會破壞你整體的演講結構。

要讓你的時機運用得當，我會建議你的評論不要超過時間。如果你有十分鐘可以回應，試著準備八分鐘或九分鐘的發言。這讓你有「轉圜餘地」，提出額外的理由或論點。如果你沒有需要就不會是問題。人人都會尊重你精簡扼要的本事，而非喋喋不休的能力。

根據經驗，我提供三種方式確保你的演講和簡報能如期完成：

大膽行動：寫出完整的演講，然後計算演講時間，把整個演講內容記在心裡。沒錯，利用你的記憶力！回到二〇〇五年，大衛・卡麥隆（David Cameron）以黑馬之姿成為保守黨領導者遙遙領先，他在利物浦的黨部大會完全不靠講稿小抄，讓現場為之驚豔。五年後，他成為首相。如果你有時間，想要讓你的觀眾讚嘆不已，牢記講稿絕對萬無一失，同時也要遵守你的時間限制。

安全的選擇：你可能會說，死背硬記你的論述是高風險但也高回饋的策略，如年輕的邱吉爾的苦記硬學。我的建議是，如果你決定這麼做，就向老邱吉爾學習，隨手準備完整講稿，以防萬一。寫下你完整的演講內容，計算演講的時間，然後在講臺或講桌前加上你寫好的註記評論。不要低頭埋首於文字中，只顧著念給觀眾聽。邱吉爾花許多時間練習，完全熟悉每個段落和句子，只需要偶爾看一下講稿。這是我會建議的做法，也是我個人偏好的方法。

隨心所欲的路線：與其寫下你完整的演講內容，你也可以用小抄發表論述。利用字卡，寫上關鍵字與片語，而非句子段落。這種技巧的好處是你不需要擔心忘記演講內容，或者逐字唸出演講內容。你不會因此被時程表卡死，反而可以給你彈性：如果時間快不夠了，你可以確保你仍有時間提出重要論點。

你可以每種方法都嘗試，選出最適合你的幾種。但是成功的關鍵是要重複演練。找朋友或同事當觀眾好好練習。坦然接受回饋意見，甚至是別人的批評。反覆修正你的評論，直到正確，將時間計算清楚，讓你可以自信地口若懸河（假使還有即興脫稿，更能加分）。在朋友面前練習代表你可以維持對話風格語調。但請記得：你的目標是有所準備，而不只是聽起來準備好了而已。

TED演講專家卡曼．蓋洛，強調重複演練和回饋的重要，他分享音樂家亞曼達．帕默爾

（Amada Palmer）於二〇一三年的ＴＥＤ演說，題目是《發問的藝術》。帕默爾在一群人面前大聲唸稿。如果他們看起來很無聊，她會回家重寫。她在任何願意聆聽的人面前練習，她會對調酒師和飛機上坐她旁邊的人說故事。她會請朋友來家裡聚餐，看她演說並提供回饋。她會對學生發表演說。最後，帕默爾還會找ＴＥＤ團隊，在他們面前表演兩次。

經過如此充分的準備，《發問的藝術》毫無疑問在網路爆紅，累積超過一千兩百萬次的點閱。

我經常被問到的問題是：你需要多久來練習？有些人以為簡短快速的簡報或演講只需要一點練習或準備時間。這倒沒有偏離事實。不過還有更適合的說法，馬克・吐溫、伍爾德・威爾遜到邱吉爾都適用：「如果要我給你兩小時的簡報，我今天就可以完成。如果你只要五分鐘的演講，得花上我兩個星期的時間準備。」

你需要相當多的時間、技巧和努力，將你想要說的話濃縮成一個俐落有效的簡報。當我開始在美國有線電視網擔任專家時，我通常會花兩個小時準備ＣＮＮ或ＭＳＮＢＣ三到四分鐘的發言。這是直播節目，我也想要有所準備。

有一次，ＣＮＮ邀我討論川普和反閃族主義。我知道我時間不夠，但我對這個特殊議題有一大堆想說的話。於是我事先進行大量研究，練習滔滔不絕說出一連串川普反閃族主義的說詞。因為我深知直播電視的時間限制，我計算好時間，確保我要說的話不超過一分鐘。

在主持人杰克・塔普（Jake Tapper）轉向我，讓我有機會對這主題發言時，我暢所欲言：

「三次了，他基本上說美國猶太人就是臥底的以色列人，效忠於他們在海內外的首相。這是他擔任總統以來第三次做這件事。他不會就此罷休，我認為我們需要處理這個危險想法，即親猶太人表示親以色列，或者親以色列代表你就是親猶太人，或者任何批評反閃族主義的說法都可以免責。許多反閃族分子支持以色列和納坦雅胡（Benjamin Netanyahu），這一點意義都沒有。

姑且不論川普對以色列的觀點，他一直是反閃族立場。這無庸爭議，事實就是如此。一九八〇年代，他就是反閃族分子，伊凡娜也說他床頭一直放了一本希特勒的演講選輯。他一九九〇年代也是反閃族分子，他的賭場經理說他只想要戴圓頂帽的矮個子幫他數錢。到了二〇一三年，他仍然是反閃族分子，他在推特羞辱喬恩・史都華（Jon Steward）有猶太姓氏。想當然，二〇一五年他對共和黨的猶太捐款者說：『你不會投給我，因為我也不想要你的錢。』

之後我們看見了總統：他稱夏洛茨維爾的新納粹主義分子是『很棒的人』，而且沒完沒了，我不知道我們還需要多少證據證明他是徹頭徹尾的反閃族分子，而且非常神奇的是，竟然沒有任何一位共和黨員跳出來批評他。」

六十秒，一針見血，完全直播。後來這段影片被下標為「花一分鐘完美說明川普的反閃族思想」。

據說林肯曾這樣說道：「給我六小時砍倒一棵樹，而我會花前四個小時將斧頭磨利。」老實說，我完全同意他說的話。

熟能生巧，確實如此，充分準備，勝券在握。好好利用時間磨利斧頭，磨練你要傳達的——你的外在、你的聲音、你的時機點——直到它越來越鋒利。因為永遠沒有準備完的一天。

想想看：林肯於一八六三年十一月發表他指標性的蓋茨堡演說時，山姆・萊斯（Sam Leith）在他的書《文字如上膛的槍－從亞里斯多德到歐巴馬修辭學》（*Words Like Loaded Pistols: Rhetoric from Aristotle to Obama*）指出，林肯問了修墓工，請他拿藍圖來，於是他才能清楚自己要說話的地點。美國第十六任總統從來不僥倖行事。

林肯的智慧也許得歸功於另一位傳奇美國政治人物的智慧：美國創國元老班傑明・富蘭克林（**Benjamin Franklin**）。「若是沒有好好準備，你就等著失敗吧。」富蘭克林據說曾如此說道。

不要等著失敗，準備勝利。

15 做好你的功課

假設是好的，但找出答案更好

——馬克吐溫

我們稱之為「關鍵報告」。我同事和我在西元二〇〇〇年初期，每星期會準備研究檔案，當時我們是英國獨立電視臺的《喬納森．汀伯比》（Jonathan Dimbleby）的製作團隊。

在我加入這個節目擔任研究人員時，剛從大學畢業一年，而我在牛津大學三年就學期間，沒有任何工作——無論是寫康德或洛克的論文，還是在牛津辯論社參加辯論——比得上準備「關鍵報告」的龐雜程度。

得獎新聞工作者喬納森．汀伯比是廣播業知名汀伯比家族的後起之秀，他在一九九四到二〇〇六年在英國電視臺主持與他同名的政治訪談節目。每星期天中午，他會進行一場歷時一小時針對當紅政治人物的訪談，在倫敦南岸的攝影棚直播，現場也有觀眾列席。汀伯比是公認的難搞，也是那個年代最令人畏懼，追根究柢的訪談者。

我的工作是協助他準備就緒。每個星期在這個週日訪談節目之前，我們有三個人，包括製作人和兩位研究人員，會花好幾天挖掘節目來賓的背景紀錄：他們說過的話、理念、生涯高峰低谷。我們會把它全部鍵入「關鍵報告」，我們每星期都會更新它，以便事先建立汀泊比的論述，讓一小時的專訪順利進行。

我們會蒐集事實、數據、註解、圖表、圖示、表格。我們會為主持人建議可以問的問題，預測他的來賓可能有的回應；甚至提出後續的追問。我們試著為所有可能性準備就緒。如果部長說A，汀伯比會問B。如果部長說X，汀伯比可能會以Y做回應。

裡面什麼都有，就在「關鍵報告」。它不只是幾張紙，還有許多要點。我們每一週的產出物是個精心製作、鉅細靡遺，內容包羅萬象的紙冊（汀伯比曾經建議我們在每次的專訪後將它出版，作為學校和學院的資源指南）。

對於汀伯比來說，如他在最近一次專訪告訴我：「『關鍵報告』很重要。它提供聚焦重點以及再清楚不過的事實。」它是汀伯比節目的準備程序中最終極的知識基礎，讓他能在攝影機運作時平穩冷靜，掌控全局。我們在他節目做的功課，汀伯比解釋道：「非常重要。沒有這個小冊子，任何滑頭的受訪者都會走向你，兜售毫無真正挑戰性質的訊息。」

二十年後回頭看，我只能說我花在幕前和幕後的那四年訓練，讓我成了我今日的新聞工作者以及專業訪談主持人。離開獨立電視臺後，我很榮幸能為世界最大的媒體公司BBC工作，還有天空新聞臺、半島電視臺英文臺以及現在的NBC新聞臺服務。然而當年我為汀泊比節目準備「關鍵報告」的紮實經驗，真切影響了後來的我為公開演說、辯論和訪談所做的準備工作。這個經驗告訴我什麼？那就是如果你想要贏得爭論，沒有任何事情比深入探討和做功課更重要的了。

• • •

你可能會很驚訝，我小時候其實很討厭做功課。跟大部分的孩子一樣，我想要看電視、騎腳踏車、玩電動遊戲……什麼都好，只要不是我最討厭的回家功課。

然而，成年之後，我對做功課非常著迷。我總是想做好準備；我總是想找到證據；我總是想要比任何人知道更多爭議問題。這些都需要下功夫。

對我來說不甚方便的事實是，無論你多聰明、有熱情或有說服力，假使不投入心力，你便無法贏得辯論。

我曾經訪問過許多人，從約翰．波頓（John Bolton）到約翰．傳奇（John Legend），從美國情報局前任局長到《副人之仁》的前任編劇。我曾經訪問過大人小孩；從好萊塢的超級巨星到一般民眾。我從未在沒有準備的情況下，坐下來單獨進行訪談——無論是認識我的來賓、手上的題目、或者是我試著報導的特別故事。

我花這麼多時間告訴你，不做功課是不尊重你的訪問來賓，或者辯論的對手。這是一種懶惰，甚至是傲慢的象徵。

問題是我們總是愚蠢認為辯論純粹只是一種技巧。今天，我們生活在一個「熱門」的年代——任何人對任何事都會有意見——而我們甚至錯誤假設辯論只是在表達自己的意見罷了。然而，如哲學家派翠克．史托克（Patrick Stokes）所觀察：「你對你的意見沒有權利，你只能主張自己能爭辯的事物。」

如果你試著主導某個專業領域，如醫療、法律或會計，你知道你會需要閱讀和準備。你想要聽醫師的專業意見，因為他懂的一切基於研究或專業。在你想要贏得辯論時，其實也是一樣，有爭議的話題，如果你的意見和論點沒有建構在知識基礎，它們就一文不值。

你要如何建立論點？有哪些事實或數據是你可以承受的？為何你的意見比其他人的意見還重要？或如俗語所說，你肯去做需要表達意見的工作嗎？

二〇一二年，我受邀參訪基輔，這是烏克蘭的非營利組織的有效治理基金會（Foundation of Effective Governance）籌畫的民主發展計畫主軸。有效治理基金會與智慧平方，在烏克蘭首都針對許多政治和經濟議題共同主持辯論，以促進言論自由與討論自由的權利。

當時是烏克蘭親歐盟示威運動，以及俄羅斯併吞克里米亞的兩年前。十年後，普亭甚至野蠻全面入侵烏克蘭。但是即便回到二〇一二年，烏克蘭經濟仍是一場災難。

我的辯論動議是：「持續擴張政府開支，能避免烏克蘭的第二波危機出現。」我被要求擔任動議正方，反方是維克托．平澤尼克（Viktor Pynzenyk），他在二〇〇七到二〇〇九年間擔任烏克蘭財政部長。

說實話，我被要求針對我不了解的外國經濟發表評論，參訪該國，與實際上主導該國經濟的人士進行辯論。

很瘋狂，對吧？

但我仍然同意了。因為我願意做這件需要發表意見的事。（好吧，是因為我喜歡精采的辯論！）

我花了幾個星期的時間為辯論做事前準備，研究凱恩斯的赤字消費與烏克蘭經濟現狀。我在每篇可以找到的相關報紙文章，以及用英文發表的學術研究投入心力。我飛了一千五百哩到基輔面對維克托．平澤尼克。我很可能會輸掉辯論。

想必你不驚訝吧？烏克蘭觀眾一面倒地投票支持他們偏好的前部長。

對象是財政部長，而不是剛下飛機的英籍亞裔人士，這經驗太令人振奮了，假使我功課沒有做足，我真的完全不敢答應。（在基輔那晚，我一開場便大方承認：「我不是烏克蘭經濟的專家，我也不會假裝或宣稱我是專家。我只來過你們的國家一次，事實上，就目前為止，我只在你們領土待了十四小時。」）

輸掉辯論最快，也可能是最笨的方法，就是完全沒有準備就上場參賽。我個人從來就搞不懂，為何人們會不做事前準備功課就投身辯論。只有笨蛋才會這麼做。

在我來看，準備工作有三大重要元素，在做出任何評論、專訪或簡報前，都會需要腦力激盪、研究與角色扮演。讓我們逐一探討：

腦力激盪

我們都有過很糟糕的感受吧？盯著空白的電腦螢幕，試著想出正確的句子，好開始寫新的文章或簡報。有太多你想要說的話、你會說的話，而你卻不知道如何開始。

腦力激盪由一九五〇年代的廣告總監亞歷克斯·奧斯本（Alex Osborn）發明，是出現思維障礙時的解決妙方。它通常被認為是團體活動，但也可以由個人進行，你甚至會很訝異自己竟然這麼享受腦力激盪的過程。它讓你有創造力與自省力，同時了解自己不熟悉的內心角落。

腦力激盪是理想的第一步，因為它會讓你寫下自己所知的一大堆亂七八糟的想法和事實，帶出許多你清楚自己不了解的問題。重點是要解開困在你心裡的想法，也許深入你的潛意識，找出那些陰暗的區塊。只要這麼做，你就會知道要如何專注於你的研究，好讓你將初步草擬的想法塑造成難以攻破的論點。

以下是我想出的三種好方法，能靠自己完成腦力激盪：

一、重量不重質

「擁有絕佳主意的最好方式，就是心中有許多想法，同時拋棄不好的想法。」諾貝爾化學獎得主萊納斯．鮑林（Linus Pauling）如此說道。

說到腦力激盪，數量比品質更重要。是的，的確沒錯，你沒有看錯，專家說數量第一、質量是放在很後面才注重的事。這是經得起考驗的準則，甚至可以回溯到奧斯本，諾貝爾獎得主鮑林也認同了。

開始進行腦力激盪的時候，盡可能在紙上寫出越多想法越好——不論是好是壞、是華麗是平庸。藉由重量不重質，你會給自己更多選擇、更多選項、更多可能性。一旦許多想法開始在紙上成形，你可以決定哪些要保留，加以延伸，再怎麼多的想法都不會被認為太瘋狂。最荒謬的思維甚至可能啟發真正睿智的想法，而最後，不好的主意會有什麼下場？直接把它們扔掉就好了。

我經常將這技巧運用在我自己寫問題的過程。我會設想任何我可能會問來賓的問題，無論是可笑還是魯莽的，不敬或無關緊要的。然後我會將它們限縮到我真正需要問的問題（至少我可以利用問題得到目的！）

這種練習很奔放，還能幫助你避免從一開始就對單一論點有過於狹隘的看法。企業家湯姆．莫納漢（Tom Monaghan）指著他的黃色便箋以及列出的想法如此說道：「我有時會將我在紙上的腦力激盪比喻為開採油井，我的思緒就像油井，一旦挖到自噴井就會源源不絕。」

二、過去只是序幕

「所有你看過或聽過的奇妙創意或想法，都可以解構為之前就存在的細微思緒。」作家史考特．勃肯（Scott Berjun）在他的書《創新的迷思》（*The Myths of Innovation*）寫道。

別去管「我找到了」、「對了！」或「天外飛來一筆」的時刻。你不需要跟牛頓一樣等蘋果掉到你頭上，科技作家大衛．凱利和湯姆．凱利如此說道。

最好的想法通常來自「微不足道的步驟」，而非一步登天。科學也是這樣認為。傑西卡．

赫林格（Jessica Hullinger）與心理學家克里斯汀・舒安（Christian Schunn）在匹茲堡大學的團隊分析數小時的文字紀錄本，重新檢視專業工程團隊主持的腦力激盪活動，當時他們被要求為孩童設計新型手持印表機。他們在二〇一四年的《認知科學》發表後續研究，發現新想法不需要認知的大躍進。反之，它們通常是由「一連串的心智進程」組成。

「我們可以比較過去與現在可行的解決方案；我們可回顧先前類似想法的範例；我們可以從一個領域以類似作法進入下一個領域。」

舉例來說，赫林格說，研究者發現想出新式印表機要有滾輪拉門的工程師之一，回憶起舊錄影帶的卡夾活門，另一名團隊成員馬上想到可以採用車庫門的機械裝置。

「你的腦袋充滿你曾看過的解決方案，類比法也讓你能看見過往的解決方式，告訴你也許這些想法其中之一可行。」舒安如此表示。

這種方法可以使你的腦力激盪不受限制。循序漸進地思考。考慮與你的主題類似的不同題目。不要害怕利用過去的經驗，或者其他領域的範例。

三、進入自己的「忘我境界」

傳奇網球選手亞瑟・艾許（Arthur Ashe）曾被報導是第一位進入「忘我境界」的運動員，

發揮全部潛力，達到完全專注的境界。

最好的腦力激盪會出現在你進入「忘我境界」時。在例行差事之間短暫休息，讓清醒的頭腦休息，讓潛意識主導一切。

不要關注你的工作，停止檢查電子郵件，讓你的思緒馳騁。「最偉大的天才有時會在工作更少時完成更多事。」達文西也曾經如此說過。聽達文西的，他可是真正的天才！

還有心理學家約翰．庫努伊斯（John Kounios）和馬克．畢漢（Mark Beeman），他們曾主導一項大腦的神經影像研究，結論是，只有在我們沒事做或者放鬆的大腦狀態下，才會產生「洞見時刻」，或我們所謂的「發現了！」、「對了！」引用庫努伊斯的話，當一個人短暫不去注意自身的環境，才是魔法出現的時刻。這就是我們進入忘我境界的時刻。

我們該如何讓它發生？人人都不同，你會需要找出對自己最好的環境。也許用不同地方和步驟做實驗。閉上眼睛，散步沖澡。看看是什麼會讓你的思緒馳騁。

順道一提，我說沖澡是認真的。我最好的想法和論點幾乎總是出現在我洗澡的時候。當然，洗完澡後，我必須瘋狂地找地方把它記錄下來，甚至在我擦乾身體前，不然我會忘記！而且為這本書做研究時，我才發現我不孤單。二〇一五年有一項調查，認知心理學家史考特．考夫曼（Scott Barry Kaufman）發現百分之七十二的人「在沖澡時想到新點子」；百分之十四的人說他們沖澡只是為了想出新洞見。對於考夫曼也曾經在一次線上會議提到，研究強調「放鬆對創意思考的重要性。」

研究、研究、研究

你知道我如何為大人物來賓的專訪做準備嗎？我會觀看他們的專訪和演講，閱讀研究他們寫的書，研究他們的職涯。我搜尋他們身為專業人士曾經說過的主題，找出其他人對他們的看法，無論好壞。然後我將這些不同片段的資訊集結，直到我從頭到尾完全了解這些人。

對我來說，這關乎找出未發現的新視角。根據匈牙利裔諾貝爾化學獎得主阿爾伯特·聖捷爾吉（Albert Szent-Györgyi）的說法，研究是為了看見其他人看過，思考沒有人想到的事。

這就是我的目標——即便要達成並不容易。做研究很花時間，非常棘手，老實說也很乏味。儘管如此，這對你的成功非常重要。沒有任何論點能不經研究就完成，記得亞里斯多德嗎？他以理性著稱——也就是以邏輯合理的方式說理——而這是勸說的核心所在。唯有研究，才能成立理性思維；只有重複檢驗事實和數據，才能支持理性的存在。所以研究才如此重要。如汀泊白曾對我說過，研究對贏得辯論來說，都是最根本的原理。

二〇一五年十二月，我說服保羅·布雷默（Paul Bremer）為我在半島電視臺英文臺延長專訪時間。布雷默曾是侵略占領伊拉克的美國主導聯盟駐伊拉克臨時管理當局最高行政長官，二〇〇三年至二〇〇四年是伊拉克的「實質」總督。

他也是耶魯和哈佛大學畢業生，曾經在雷根和布希主政時為內閣成員，也曾在私人產業服務。布雷默是一位聰明世故的對手，我想試探他在伊拉克的日子，對比深入探究，不要聽他在其他論壇說過的一貫說詞。

這場唇槍舌戰，要如何準備？研究、研究再研究！我的團隊和我不只翻出他在二〇〇六年的回憶錄《我在伊拉克的日子》（也找到和布雷默同駐伊拉克的前外交官和記者的回憶錄，更不用說相關的紀錄、報告和來自PBS的研究、蘭德公司、人權觀察組織、伊拉克重建特別監察長等等。我針對布雷默列出了一長條問題清單與後續問題，長達十頁，上面充滿援引、統計數據和註腳。我很懷疑他是否知道自己會被挑戰這些細節，或者他是否曾以這種方式被人挑戰過！長達九十分鐘激烈的攻防戰尾聲，布雷默喝了一口水，側身靠近我並往下看，指了指我腿上的一疊紙。「很棒的研究。」他說。

做足你的功課，你可能會讓對手刮目相看。在準備的同時，有三件事是你為任何辯論或簡報做研究時，必須牢記在心的事情。

一、不要只瀏覽搜尋引擎的第一頁

記得我在智慧平方辯論會和馬蒙．弗迪為沙烏地阿拉伯辯論的對談嗎？我設計了一個傻瓜陷阱，藉由引述他自己很久以前的意見，讓他踉蹌作答。

我在辯論前花了好幾個小時搜尋弗迪的文章。這傢伙是多產作家。他曾寫過四本書，在英文和阿拉伯語媒體發表文章多達數百篇。

如果我記得沒錯，我是在谷歌的第十到十一頁的搜尋結果中，發現他在一九九二年《基督科學箴言報》發表的意見，結果被我拿來對付他。

我們常常不會花太多時間搜尋網頁。我們向來懶散，把研究局限在搜尋結果的第一頁，如果沒有發現任何有趣的事，我們就繼續做其他事。你必須學會做得更多，願意深入挖掘你的主題，好好搜尋。

你應該熟悉搜尋網頁的許多訣竅和技巧，好讓研究過程更容易。舉例來說，你可以過濾日期選項來得到結果，如二〇〇七到二〇一二年，這會讓你在第一頁無意義的內容切入重點。藉由將可援引的引述來源放入谷歌搜尋欄位的引號標記中。利用減法符號、內部提示、「排除」研究中的特定用語、文字片語來限縮你的問題。

在搜尋引擎的時代裡，你真的沒有藉口可說自己找不到需要的引述、統計數據或來源。如山姆・萊斯（Sam Leith）在他的書《文字像上膛的槍》（*Words Like Loaded Pistols*）提到：「使用證據和證人、引用老生常談、列舉證據，在網路時代更簡單了，一點都不難。」有了堪比偉大的亞歷山大圖書館的數位資料，不只能引用，還能連結它的網站，你嚴肅論點的資料來源無遠弗屆。

二、從維基百科開始，但不要僅止於維基百科

任何高中或大專院校學生會告訴你，老師和教授不會仁慈對待引用維基百科作為資訊來源的學生。意思是，單單公開引用維基百科的文章，讓一群匿名編輯和資料貢獻者作為你論點資訊或證據來源的群眾外包線上工具，其實是一種瘋狂的行為。

但是老師教授搞錯了。作為研究工具，維基百科是無價之寶，但引用方式要正確。用它做為你研究的開始——取得主題的「概貌」，然後深入追蹤連結到更可靠的來源，挖掘這個題目。將維基百科視為深入事實研究的「大門」，一位行政人員如此說道。

我自己的維基百科經驗從二〇一〇年開始。它雖然沒有為我的生命與職涯增添更精準完整的面貌，然而，在我寫作的當下，電腦上有七十二個超連結，讓我能連到許多推特、專訪、新聞報導、專欄與影片。這些全是你可以合法引用的提示與來源，如果你開始質疑我說的話，歡

迎查詢。

簡言之，你可以質疑維基百科的文字內容，但不要害怕引用它，以迅速展開你的研究過程，同時持續尋求可以仰賴的主要來源。

三、檢查你的來源

「你的資料來源是什麼？」這是任何爭辯或辯論都會出現的問題，你也應該假設對手會問這個。所以，你的答案是什麼？你有資料來源嗎？

這些年來，我們太常仰賴傳聞或軼事作為我們的論點基礎，現今的社群媒體年代，某些不知出處的故事或圖片，還會從WhatsApp群組轉傳給我們。假使你想要贏得爭辯或成功說服別人，尤其是在觀眾面前，請不要走捷徑。

為你的主張找出原始資料來源，熟悉這些來源，從頭到尾了解透徹。讓找出原始資料來源成為習慣，將它引用在你的論點或簡報。這表示不要只讀一本書評，直接買書，逐頁研究。不要只是在推特看專訪片段或上YouTube觀看。不要信任只會選擇性地引用學術研究的新聞或文章，為了自己好，請找出初始研究內容，詳加閱讀，或至少先看過摘要。

只要你能超越只看頭條新聞或者網路爆紅片段，你就會取得真正的優勢。以下是我在二〇一九年和爭議商業人物艾瑞克·普林斯（Erik Prince）進行專訪的對談，我針對他在中國境內的自家公司先豐服務集團（FSG）的行為開始施壓：

我：「為什麼先豐集團讓安全警衛進駐中國新疆各地的訓練中心，你那裡事實上接近一百萬名穆斯林維吾爾人，等於是集中營了嘛！」

普林斯：「這件事有許多錯誤報導，公司沒有在當地開設任何訓練設施，只是董事會的討論而已，報導完全錯誤。只有備忘錄指派工程建設，而非訓練服務。這間公司不會在中國境內進行任何警方或安全部隊的訓練。」

我：「但報導指出是去年？為什麼你的公司認為這只是『建立訓練設施』？」

普林斯：「沒錯，原本是簽署在備忘錄的工程建設。」

我：「他們在三月二日發出新聞稿，上面有你的名字。」

普林斯：「這是工程建設，不是以我的名義。純粹只是工程建設。」

我：「不，你的名字就在新聞稿，而且還出現很多次，上面寫著，我在這裡引用內容：『中國新疆省，建立訓練機構，購買安全裝備與交通工具。』」

普林斯：「呃，我重申它只是工程建設……」

我：「它寫的是訓練設施。」

普林斯：「假設、假設你從中文翻譯成英文的話，它就是工程建設的意思，好嗎？」

我：「抱歉，我們沒有自行翻譯，這是你公司的英文新聞稿，希望你沒有誤解我的意思。」

我如何在這次對談逮到普林斯（也讓觀眾開懷大笑）？我先利用原始資料來源，也引用原始新聞稿，而非捏造一個新故事。

事實上，直到專訪當天，我們甚至手上還沒取得原始新聞稿，只有先豐在新疆的相關新聞報導。一切都是在最後一刻完成的。

我後來問製作人她如何在專訪前幾小時找到這麼關鍵的揭露文件。她跟我說：「我開始搜尋公司網站，我什麼都找不到，我搜尋公司名稱，以及『新疆』和『ＰＤＦ檔』，好像是當時第一個或第二個跳出來的結果」。

有時候你得用上一點小聰明，才能讓谷歌提供你要的東西。

扮演角色

做足功課不僅是腦力激盪和研究而已。以下有兩個步驟可以建立你大部分的準備工作，但是還有較不廣泛運用的第三步驟也同樣重要。

一、找到夥伴

記得「關鍵報告」嗎？我們寫完之後，還要認真研讀演練。是真的演練。每個星期日專訪的大日子來臨前，汀伯比會在星期四或星期五抵達辦公室，我們逐頁討論「關鍵報告」。但不同的是，我們其中一人會扮演來賓角色。譬如工黨政府部長、反對的保守黨官員、退休將軍或情報頭子。我們都要角色扮演。

汀伯比會對我們丟出「關鍵報告」的問題，而我們也得設想星期天來賓可能會說的話，好做出回應。作為一位高中前演員，我超熱愛角色扮演。我最喜歡的回憶之一，是假扮布萊爾首相，他其實很少出現在節目。幾年後，當我在半島電視臺主持自己的專訪節目時，我借用汀泊白的技巧。團隊和我在每場大型專訪前都會進行角色扮演，認真演練。

舉例來說，在二〇一八年夏天，以色列前任外交部長丹尼．阿亞隆（Danny Ayalon）同意出現在我的節目《針鋒相對》。接近專訪日時，我團隊的一位製作人扮演阿亞隆，而且活靈活現，驚豔四座。她看過、讀過他所有的專訪，反覆看他在YouTube的影片，在我們編輯會議時，搖身變成他。

我在團隊內部丟出問題，而她以阿亞隆可能有的回應回答。

我們完成作業，取得證據了——但我們也要練習以角色扮演的方式，部署證據，對付我們的受訪者。這可能聽起來奇怪，但當訪問時刻來臨時，我已經準備面對巧言令色的阿亞隆。他宣稱伊朗違反聯合國安全理事會對其突擊核檢查的協議，我知道我該如何回應，並且從哪裡接話。針對以色列的祕密核武進行攻防戰時，阿亞隆從頭到尾都在裝傻，我問如果伊朗官員採用他的拒絕說詞，他要怎麼因應。

我：「如果一位伊朗來賓上我的節目，而我問他核武問題，他會說：『不，我不準備談論此事。』這種說法你能認可嗎？你會發飆吧。」

阿亞隆：「當然。因為聯合國安全理事會對伊朗有十六項協議，而且……」

我：「而且針對你的核武計畫也有對抗以色列的協議？」

阿亞隆：「針對核武議題嗎？沒有。」

我：「當然有，聯合國第四八七項協議。我念給你聽。聯合國安全理事會在一九八一年『要求以色列立即將其核武設備交由國際原子能機構（IAEA）保管』。為什麼你沒有這樣做？」

這次對談在網路爆紅，抖音就有超過一千萬次點閱。如果沒有我的研究團隊，我是沒辦法做到的。尤其是那位幫助我成功完成這次對談，在事前扮演對手的製作人。在這場專訪結束的幾星期還是幾個月後，我們仍然開玩笑叫她丹尼。（好吧，也許只有我啦。）

你可能沒有團隊製作人幫你準備論點或辯論，不過你總是可以打電話給朋友吧。找一個朋友、同事或家庭成員，甚至在演講或試鏡的大日子前和你進行角色扮演。他們不需要是訓練有素的演員，只要能讓你對要說的話感到自在就好，公開演說的功課就是這樣。

二、做最壞的打算

即使你沒有夥伴可以完美扮演丹尼．阿亞隆，你也可以為對手可能丟給你的問題做功課，並作最壞的打算。

任何人準備論點論述時，總有可能掉進確認偏差的危險。這是認知心理學家彼得・瓦森（Peter Wason）在一九六〇年創造的術語，描述人類傾向查看能「確認」我們已經相信的資訊，忽略其他可信論點，特別是反面論述的證據。在辯論中，這往往讓我們研究自己偏好的論點，直到我們發生無法想像的挫敗，甚至有可能令我們無法預測對手即將出現的真正反擊。

在我來看，失去論述最直接明瞭的方式，就是一頭走進你完全沒有被挑戰過的觀點或意見。你該如何避免這種陷阱？

唯一的解決辦法是了解論點的正反兩面——不只是你個人偏好的觀點。即便在研究階段，你會想在琢磨論點時，針對對手論點也有充分理解。一切就是立場的問題罷了。如哲學家約翰·史都華·彌爾（John Stuart Mill）在《論自由》指出，你無法在不了解對方論點的情況下了解自己的論點，而且對手也處於「最有說服力和可信」的狀態。你的目標應是要比對手自己還了解他們論點立場，才得以在對手不知情的情況下發現他們的缺失。這表示要同時針對對手論述做足功課，如同做自己的功課一樣。

但我們如何真正理解對方？這比聽起來還要困難，因為我們對抗的是要打擊自己的既定偏見。因此，我們可不能顯得自大、懶惰或者故步自封。

要把事情作對，就需要所謂的「鋼鐵人論證」，練習建構對手論點的強力版本。鋼鐵人論證，如許多人指出的，是與「稻草人論證」完全相反的論證，其在於使對手的立場弱化，削弱他們。反之，假使你可以在辯論前，強化對手的論點，借力使力，讓你發展出削弱他們立場的睿智作法，你就可以在他們辯論時對你丟出的問題有所準備。

該如何進行鋼鐵人論證？我會建議你自問下列問題：

你對手的最佳論點是什麼？

他們論點的最佳證據是什麼？

誰是這項論點的最佳擁護者？

他們對你論點的最佳批評是什麼？

這些問題可以作為單人角色扮演的練習。它們強迫你對自己的論點挖洞，提出反面立場。你應該利用機會，針對上述問題認真思考，而非匆促瀏覽帶過這些問題。

我甚至建議你問這些問題兩次，第一次是在你開始研究時，第二次在研究告終時。前者指引研究的方向，後者能在最後替你精修。而你也可以清楚記住它們，不時檢查，判斷自己之後是否還需要做更多功課。

鋼鐵人論證讓你能面面俱到，顧及每項可能的論點和反論點，包括你自己跟對手的論述，把這件事做好做對，你一開始就能威嚇對手，讓與會觀眾為之佩服。

二〇一一年十一月，BBC公布年度運動界風雲人物，沒有任何一位女性運動員獲得殊榮。這是個極具爭議的決定，英國媒體窮追不捨。「女性在年度運動界風雲人物名單中被冷落了」《英國獨立報》如此宣稱。「BBC年度無女性運動界風雲人物引發廣泛反彈」則是《衛報》的頭條新聞。「女性運動員批評BBC年度運動界風雲人物獎」，BBC自家新聞網站如此報導。

一週後，我受邀出現在BBC的《提問時間》，主持人是喬納森．汀伯比的哥哥大衛。當你出現在《提問時間》，你其實是一張白紙，你會對自己將面臨哪些問題，或觀眾會提出哪些疑問毫無頭緒。你必須對觀眾丟出的新聞議題有所準備，同時，還有幾百萬觀眾在家收看你的表現。

每次出現在《提問時間》，我就會提前空出幾小時為節目準備。我不確定是否該提到BBC年度運動界風雲人物的議題。這不是頭條新聞，但是許多人都很關心。所以為了以防萬一，我閱讀了所有我能找到的相關新聞，網路與紙本都看。我用谷歌搜尋；我上維基百科；我確保自己掌握了所有資料來源。

節目接近當天尾聲時，已經問了我預期中的歐盟危機議題、二〇一二年倫敦申辦奧運與英國經濟現狀後，一位女性觀眾問道：

「BBC年度運動界風雲人物獎獨缺女性，是否反映媒體報導存在性別歧視？」

果不其然，外卡疑問：獲獎爭議，與我列席的來賓看起來就是毫無準備，針對男女平等胡亂謅了空洞的說明，但我對問題的回應如下：

「提到性別差異，運動是男性主宰的世界，政治、媒體界與商業界也是如此。我對BBC年度運動界風雲人物事件感到有趣的是，這份名單公開的二十七位評審——二十七位運動編輯清一色都是男性。更有意思的是，其中兩人來自有名的運動雜誌！但這恰好說明了人們覺得『代表人物』不重要……《曼徹斯特晚報》的運動編輯選出退休的派翠克．維埃拉（Patrick Vieira），而蕾貝卡．阿德靈頓（Rebecca Adlington）是世界級冠軍游泳好手，投票時卻以一票落敗。」

看見了嗎？不同於其他四位來賓：兩位民選政治人物、一位執行長以及一位法官，我避開陳腔濫調，以細節直接回應觀眾問題，佐以事實和數據，這促使疑惑的大衛．汀伯比打斷我的話：「你懂得還真多，你是怎麼知道這些事情？」

我怎麼知道？我可是做足了功課！

4

PART

總結

16 精采壓軸

演講就像是搞外遇，任何傻子都可以開始，但是如何收場，就需要很高的本事了。

——羅夫特男爵（Lord Mancrof），前英國大臣

一九四〇年五月二十八日，星期二。這天倫敦很暖和，在政府大樓的廊道上，邱吉爾與人激烈爭辯，結果將決定人類歷史的進程。歐洲已經陷入熊熊戰火八個月，未來看起來晦暗不明。敦克爾克大撤退已經展開，法國即將向納粹投降。英國似乎會是下一個屈服的國家。

前幾天，在這場腥風血雨的戰事中，墨索里尼的義大利表示可以代為向希特勒的德國仲介提出和談協議。問題已攤在陽光下，英國政府是否該接受？

連續三天，在政府首長列席下，作家布萊特與凱特．馬凱夫婦觀察發現，邱吉爾已經來回與他的外交大臣，即務實的哈利法克斯爵士（Lord Halifax）密切討論，哈利法克斯爵士傾向接受義大利提議，準備和納粹德國進行和平協議。

幾週前才成為首相的邱吉爾，對此舉按兵不動，認為「這些溫馴投降的國家沒救了」。在九場不同的會議上，他試圖說服戰爭內閣成員，跟他們講道理，但他們仍然在支持他或哈利法克斯之間搖擺不定。

那麼，就該訴諸情感面了，這是最後一搏。他站在內閣面前，準備進行最後一次演說，他們接著就要做出最後決定。他的自傳作家強森寫道，邱吉爾以一種「絕對冷靜的口吻」開始說話。

「過去這段日子，我曾仔細思考，與那個人（希特勒）進入協商階段，是否也是我的職責所在。但是假想我們求和會好過堅持作戰到最後，這個思維是怠惰的。德國人對我們的艦隊予取予求，這等同裁軍。還有我們的海軍基地，以及其他戰備。」

然後他提高音量，強調他們決定的額外風險：

「我們將成為奴隸國度，儘管英國政府也會變成希特勒的傀儡……所以，到頭來我們會變成什麼樣？若走另外一條路，我們還是會有無窮盡的優勢和軍備。」

邱吉爾的心中只有一個選項。在演說尾聲走到壓軸高潮時，強森寫道，「簡直是典型的莎翁臺詞了」。

> 「我深信，假使我曾經有任何一刻，考慮和談或投降，你們每一位都會起身把我趕下臺。如果我們這座偉大島嶼的長久歷史終將結束，就讓它只在我們每個人倒在自己的血泊中結束吧。」

霎時內閣首長們爆出熱烈掌聲！眾人無不喝采叫好！頃刻間，他們全都離開座位齊聚邱吉爾身旁，拍他的背表示全力支持。哈里法克斯被打敗了，首相的壓軸結語贏得了這場辯論，根據馬凱的評論：「所向披靡」、「永垂不朽」。

歷史學家約翰．盧卡克斯（John Lukacs）在他的指標著作《一九四〇年五月：倫敦的五日》（*Five Days in London: May 1940*）寫道：「他拯救了英國、歐洲以及西方文明。」

每個好演講都需要壓軸結語。一旦完成研究或建構論點；一旦你加入邏輯、情感，補上一點幽默與柔道招式；一旦你練習直到純熟完美，你仍會需要激勵人心的壓軸好句。你需要觀眾記得你投入的所有心力，並讓他們能量滿滿地離開。

演講或辯論的結語是如此重要，以至於修辭學家甚至對其有一個特殊名稱：結語。如同

oration，結語在韋氏字典是「最後所衍生的」，源自拉丁文orare，意思是「乞求寬恕」或「禱告」。你的結語是所有辯論的壓軸，更等同於你對觀眾的最後懇求。

威廉．沙費爾（William Safire）曾經是尼克森政府的演說撰稿人，他就提醒大家「準備充足，表達流暢的演講，假使沒有精采壓軸結語，觀眾就不會滿意」。

羅斯福總統的演講撰稿人山繆．羅森曼（Samuel Rosenman）說：「每場演說都需要壓軸結語，精心撰寫的演講結語可以扣緊論點、啟發自信或提升道德良知。」

的確，許多史上最偉大的演說之所以留名青史，都在於它們最激勵人心、聳動熱烈的壓軸結語，至今仍不斷引用。回想曼德拉在叛國罪審判演說的最後一句話：「這是我已準備就緒，想要為此獻上生命的偉大理想。」或者林肯在蓋茨堡演說的最終句：「我們要下定決心讓殉國將士沒有白白犧牲。為此，這個國家在上帝庇佑下，才能獲得自由新生。我們要使這民有、民治、民享的政府不致從地球上消失。」或者甚至是威廉．華勒斯（William Wallace）在史特靈橋之役（Battle of Stirling Bridge）的宣告：「告訴我們的敵人，他們可以奪取我們的生命，但他們奪不走我們的自由。」

你的壓軸結語也必須如此有力，但這不容易。所以，你該如何做出最後的懇求？幾十年、更別說幾世紀以來，已經有許多人討論壓軸結語的藝術以及其重要性。

對於亞里斯多德，理想的壓軸結語「是由四種要素組成」：

一、它要吸引觀眾投入，讓聽者偏向自己，對反方不友善。

二、清楚闡述論點的風險，藉由他所謂的「發揮與辯解」。

三、為訴諸情感的最終章，讓聽者深受情感影響。

四、總結你論點的關鍵要點，因而喚醒聽者的記憶。

演講撰稿人和修辭學家一致認為，壓軸結語必須運用情感訴求，絕對是最佳時機。畢竟你會想激勵觀眾、鼓動他們，傳達值得讓他們喝采叫好的結語，拉近與他們的距離。但如亞里斯多德在最後一點提到的，你也想要確保他們記住你的論點與立場。

在本書，壓軸結語的訣竅在於取得平衡：①重申你的主要論點，讓它緊貼著演說內容，並且②抓住觀眾的情感和注意力，讓他們可以維持高昂的情緒！你想要抓住他們的心和大腦，好的結語可以二者兼具。

但是你如何完成這兩大目標？我們會逐步說明，就從充分表達主要論點開始。

運用打樁法

有句老生常談充分總結陳述過程的重要：告訴他們你將要告訴他們的事。充分訴說表達。然後，再說一次你剛才說的事。

懂了嗎？讓演講教練安德魯・德魯根（Andrew Dlugan）解釋給你聽：

「告訴他們你將要告訴他們的事。這是引言。充分訴說表達。這是你的演講；演講的主體。

然後，告訴他們你剛才所說的事。這是你的結論。結論時，你得重新闡明、重申並反覆解釋強調。反覆解釋沒什麼不好，不要聽那些批評者的話，他們都會說這樣不對。反覆解釋可以成為重要的工具，讓你在批判性高的群眾面前完整表達你的訴求。」

「只有在你厭倦聽自己一再重複時，這時候你的觀眾才會開始了解你要說的內容。」以上是協助布萊爾三度贏得新工黨選舉的背後操刀人、前任電視製作人暨溝通導師彼得・曼德森（Peter Mandelson）常說的話。事實上，來自行銷、溝通、或心理學的專家做過的學術研究都證明，在訊息重複更多次時，效果越是明顯。

我應該再說一遍嗎？其實，我們應該歸功邱吉爾：「如果你有想要提出的論點，不要試圖隱晦暗示或花言巧語。運用打樁法，一次解決這個論點。然後回頭再打一次，再打第三次，力道才會足夠。」

「第三次」就是你的結論以及壓軸結語。壓軸結語有一個關鍵作用，就是要總結你論述的要點，它也是實踐此目標最有效的方法之一。反覆驗證說詞，讓你的整場演講可以清楚勾勒，從結語回溯至開場白。這就是所謂的「有頭有尾」。同樣主題的起承轉合，搭配相同的概念、修辭。重複第二次時，聽者往往還會有新的發現。

為什麼重複對結論特別重要？因為這是你演講中「孤注一擲」的時刻，它能決定你的觀眾離開時，是否腦海仍然帶著你要傳達的訊息、他們是否有受到啟發或被你說服。這是群眾最容易記得的演說片段。演講教練唐・伯納德（Dom Barnard）引述一項最近由耶魯大學已故心理學家暨人類記憶專家羅伯特・克勞德（Robert Crowder）為共同作者的研究，他發現當要求人們回想一連串的名字時，總是「一開始與最後的記憶最佳」。至於中間那些人名，可以說是一團亂。

我仍然相當訝異，這麼多講者在壓軸結語從不特別投入心力。這些年來，每每看著反方辯士、節目夥伴或者受訪者的關鍵論點總結，我總是驚懼訝異，因為他們的壓軸結語全都粗略平凡，毫不可取，最後說聲「謝謝」，然後就沒了。要不就是「我就說到這裡為止」，然後嘎然而止。

不行。壓軸不容許你結結巴巴、喃喃自語或猶豫不決。

一個建立在重複力量的簡單架構，會讓你有大大的不同。以下是我在智慧平方辯論會，對於西方是否該與沙烏地阿拉伯切斷連結的辯論妙法。

二〇一九年，我在倫敦時面對大批群眾時，成功贏得這場辯論，六十秒的壓軸結語，我不斷反覆強調主題。首先，我重述我的主要論點，以人權與國家安全的角度，點出切斷與沙烏地阿拉伯的政經連結如何正確合理，對西方國家而言，根本不會有什麼「不良後果」。接著，我引述了亞里斯多德著作的其中一頁，並花一點時間批評對手的論點：「不要聽反方散播恐懼。」然後我以回到開場白對賈莫與其他沙國受虐者的遭遇，就此做出最終論述。

「我們為賈莫投下正義的一票。我們都在討論有血有肉的人們。賈莫卡・沙吉，在五個月前走進沙國位於伊斯坦堡的領事館，被一群沙國殺手圍繞，他們將塑膠袋套在他的頭上，據傳他最後說：『不要蓋住我的嘴，我有氣喘，不要，你們會把我勒死。』投票給賈莫，投票你今晚聽見的所有人名，把票投給我的動議。」

如果你看我整場辯論的結構，這並不複雜。我部署了一個「有頭有尾」的結構，而我善用重複的力量（以及三的法則），確保我最重要的言論得到迴響。

當然，你會注意到我不只是運用重複手法或者俐落總結我的論點，這場仗只打了一半，另外一半則用上感受，急切度、憤怒，我需要讓觀眾了解賈莫當下感受的恐慌害怕。另外一半，我訴諸情感。

你想要自己的演講最終達到什麼效果？你需要問你自己以下的問題，專家如此說道。你正發表哪種演說？你想要和觀眾共同達成什麼目標？你是否正試圖激勵啟發他們？或者勸說說服他們？或許兩者都是？

這些問題的答案會幫你決定如何為演說作結。但有一個要點是唯一的共識，你會想要精采壓軸，不是掃興無趣。你想要轟轟烈烈結束，而非無病呻吟。

而這唯有在結語訴諸熱情情感才能發生。一旦你成功表述你的論點，你也需要讓觀眾訴諸行動。

別忘記山姆．希伯恩（Sam Seaborn），影集《白宮風雲》的白宮通訊副主任兼總統演講撰稿人所說：「好的演講與偉大演講的不同點，在於其能量是否能在讓觀眾訴諸行動。是因為客氣嗎？還是不得不如此？他們起身是否因為老闆也起身了？不，我們希望他們這麼做是打心底而行，一切出自內心。」

在此我要非常坦白直接地告訴大家（因為其他人可能不會這樣做！）沒有什麼比起立鼓掌的奉承更厲害的了，當觀眾從座位起身，對你的演說鼓掌叫好，久久不輟，就是因為你！這是多巴胺爆表！有人會告訴你，人們因為你起立鼓掌只是客氣罷了，但真相是，它們是一種公開的感激與肯定，這可是很少人能有的體驗。它們是一種勝利的象徵。

所以要如何讓人們「打心底」感受到這股能量？如何用情感灌輸你的結語，讓你的觀眾訴諸行動？這裡是三種可運用在壓軸結語中，我最喜歡的技巧。

一、引用別人的話作結

拾人牙慧總是惹來莫須有的罪名。我們都聽過引用辭典的無趣演講開場白，我們也聽過各種陳腔濫調的八股激勵文句。你對這些過度使用的引語感到厭惡確實可想而知。

但它們之所以被過度使用其來有自。偉大領袖、知名人物或專家的智慧結晶幾乎總是令人難忘。足以激勵人心，不要害怕在結語使用完美貼切的引語。

二〇一八年，我為一個小型加拿大穆斯林公益團體的募款活動擔任主講人，它主要是為支持難民計畫募款。我的演講要督促難民與避難者團結一致，抗拒總是被視為「外來者」的種種威脅。於是我決定以一個不怎麼有名的引語作結，它源自穆斯林領袖阿里・本阿比・塔利卜（Ali ibn Abu Talib），我不斷強調這場募款會的目的以及我演講的主題。

> 人分兩種：同你信仰的弟兄以及你的同類。

這個引語恰如其分，完全符合當時情境，同時來源出自現場觀眾會尊重的人物。更重要的是，這是我在時機恰當時，說出了這個句子！有了這些智慧語錄，我完成任務，讓主辦單位在當晚出乎意料募得七萬五千美元。

你的壓軸引語可以充滿啟發性、有趣的、或甚至發人省思，全都仰賴你演講的方向以及主題。無論是哪一種，運用引語總結可以在你接近演講高潮時，幫助你改變演講的步調。在你總結時，放慢你演講結語的速度。而且，如演講教練安德魯德魯根所說，它能助你引進「第二種訴求，」新鮮的訴求，足以支持你剛才所有的論點。這什至能增加你的權威感，用一句容易記住的話結束你的演講。

二、以一段軼事作結

能吸引觀眾的情緒最有效的方法是什麼？說故事。

故事讓我們與人連結，挖掘觀眾的同理心，也是最有效勸說別人的方法。用故事或個人軼事結束你的演講，足以讓群眾維持好奇心和注意力，直到你結束演說。

它也可以讓你在演說最後的時刻，傳達給你在會議室、講堂或電視攝影棚的觀眾讓他們回到現實世界。這會讓他們意識到，你不只是在分享某人的心情或經歷，還能吸收它的重要性。

這個技巧最有效的例子是我在二〇〇八年十一月親眼所見，歐巴馬首度贏得總統選舉的那一晚。他那場歷史性的勝選演說，現場在他的家鄉芝加哥，他面對二十萬人以上的鄉親群眾發表演說，作家山姆萊斯提醒我們歐巴馬那晚說的故事：

「這場選舉打破了許多記錄，創造了許多第一，這些將會世世代代流傳。但是在今晚，我心中想起一個往事，一位女性在亞特蘭大投下她的選票。她就像其他幾百萬名民眾，排隊等待他們的聲音在選舉中被聽見，只除了一件事，這位女士：安・尼克森・庫柏（Ann Nixon Cooper）已經一百零六歲高齡了。

她是廢除奴隸制度後一個世代的人物；當時路上沒有車子，天上沒有飛機；當時像她一樣的人無法投票，有兩個理由—因為她是女性，也因為她的膚色。

而今晚，我想起她一百年來見證的美國，這個國家經歷的一切，我們有過心痛與希望；見過掙扎和進步；在別人認為我們做不到時，是人們努力向前，帶著我們堅持的美國信條：是的，我們做得到。

在女性的聲音被壓抑，而她們的希望被摒棄的年代，她能享受高齡，在今日驗證女性同胞站出來，說出自己的心聲，認真投下自己的一票。是的，我們做得到。

在三〇年代黑色風暴，大地一片蕭條時，她看見這個國家以新政、新的工作以及為共同目標努力的新觀點克服了自己的恐懼，是的，我們做得到。

當炸彈襲擊珍珠港，暴政威脅全球時，她見證一個世代搖身成就偉大，讓民主制度得到救贖。是的，我們做得到。

她見證了蒙哥馬利公車事件，伯明罕市消防水柱壓制民眾行動，塞爾瑪大橋遊行，以及一位來自亞特蘭大的牧師告訴大家『我們終將勝利』，是的，我們做得到。

人類登陸月球，柏林圍牆倒塌，世界因我們的科學與想像力連結了。

而今年，在這場選舉中，她用手點了螢幕，投下她的一票，因為在一百〇六年後的美國，走過了最燦爛光明的年代，經歷了最黑暗混沌的日子，她知道美國可以改變。

是的，我們做得到。

美國，我們走到了今天，我們見證了過往。但仍有更多的未竟之志。所以今晚，讓我們自問，如果我們的孩子活到了下一個世紀；如果我的女兒們有幸與安尼克森庫柏一樣高齡，她們會看見什麼改變？我們會有什麼樣的進步？

現在是我們回應這使命的機會。這是我們的時刻。」

歐巴馬總統是一位高超的演說家，因為他也是高明的說故事者。他以激勵人心，深具啟發的口吻結束那場演講。在他個人最偉大的勝選當晚，他想對世界說清楚，他演講撰稿人強．法夫洛（Jon Favreau）提到，美國的改變可能有時候「來得晚，但改變是有可能發生的。」他以安尼克森庫柏的生命故事讓他的演講做結，他成功了。

三、以號召行動作結

在觀眾吸收你的論點後，你想要他們怎麼做？他們聽見、吸收並認同你的話，下一步就要離開，然後呢？下一步是什麼？

以號召行動的方式結束你的論點或是總結你的評論。簡單、具體、明確，令人難忘。

你甚至可以用激勵人心的引語和軼事，與號召行動結合。這是我喜歡運用的方法，我於二〇一七年在澳洲巡迴演講時，就用這種作法，結束我在雪梨的反穆斯林和極端主義的主題演講。

我總是想起英國在第一次世界大戰那張有名的募兵海報，兩個小孩坐在父親的腿上，標題是「爸爸，你在大戰期間都在做什麼？」。

「在接下來的幾十年內，你的孩子，你的孫子可能會問你：『媽媽、爸爸，你在二十一世紀早期的極端主義狂潮、伊斯蘭恐慌行為，各式各樣的極端主義者試圖分裂消滅我們，破壞我們的權利和自由，在澳洲、美國、英國、法國和德國四處可見時，這些事情發生時你們做了些什麼？』他們也許可能會這樣問。

你是否冷眼旁觀，在臉書抱怨和吹毛求疵，在推特無病呻吟，還是有所反擊？你曾經參與嗎？你有隨時準備就緒嗎？你是否找到同好？你是否實際行動？你是否投資了未來，投資了希望而非恐懼，投資了愛而非怨恨？

你要如何告訴孩子們？因為，各位先生女士、各位兄弟姊妹，現在不是放棄的時候，現在不是被輕易擊潰，承認失敗的時刻；不，現在我們該站出來，表明立場。現在我們該公開發表意見，大聲驕傲地說出口。現在，我們要成為改變的一分子，因為你想要看見世界改變。我們必須站起來，面對霸凌和偏執了。

先生女士們，如果不是現在，更待何時？如果不是我們該做的事，又有誰會去做呢？」

當然，最後幾句話並非單純號召行動，也是知名的引語。其中有甘地說過的話，也有一些來自猶太聖人希列爾長老（Hiller the Elder）。但它們仍然有其振奮人心的力量。那些結語讓我贏得澳洲觀眾持續起立鼓掌，久久不散。

你不該怕將這些技巧混合搭配運用，以便讓觀眾付諸行動。你注意到我不只運用引用語和修辭，完成我的演說，我也用了所謂「照應詞」的修辭方法：重複同樣的片語和文字，一遍又一遍，在每個句子的開頭，強調論述，建立影響力。這尤其可用於演講或簡報的結尾，讓你善用重複的力量，召喚情感的訴求

試著運用這三種主要的策略，建立令人難忘的結尾：①運用有力的引語，呼應你的演講主題；②分享人性化的軼事，提醒人們論點的重要，或者③傳達足以觸動人心的號召行動，激勵人們起而行。選擇最適合你演說的方式，或是結合一切，創造你的精采壓軸。

這三大策略都集中在情感，而非邏輯。這三大策略都是要與觀眾產生連結，就在最後的時刻，以情感的層次訴求，讓他們意猶未盡地離開。美國已故政治人物暨摩門教會領袖卡爾·比納（Carl Buehner）曾如此評論：「他們可能會忘記你說的話，但他們永遠不會忘記你激發觸動的感受。」

你會想要讓結語令人難忘、清楚明瞭、感動人心又真誠無比。但是同樣請記得，有一些基本輪廓是任何結語都需要遵守，另外還有一些盡量避免的常見陷阱。

以下簡略可以做以及不能做的事項，根據我自己的經驗，也有來自頂尖演講教練的心血結晶。

「當你在寫演講稿時，要事先設想你要說的話，加入『驚嘆號』。」激勵演說家布萊恩·崔西（Brian Tracy）如此建議。在你最重要的結語，加入驚嘆號，強調可信度。你在演講最後傳達的文句，絕對需要產生修辭的強大效力！

不要在最後帶入你之前未提過的新議題或論點，因為這會讓人分心，產生疑惑。結尾是要總結，讓事情變得更複雜並不恰當。

對觀眾示意演講將要結束，接近尾聲了。這會強迫已經發呆出神，覺得無聊、或是拿出手機滑的人們重新專注。你可以用步調語氣示意，也許放慢速度或暫停一下，甚至提高音量。也可以用語言達成，運用片語如「結論是……」或「讓我用這段話總結一下……」，或者其他表現你個人特色的方式進行。

不要驟然停止。不要像那位費城牧師詹姆士·威爾森博士（Dr. James Wilson），他總是一小時完成演講，不多也不少。每次他看到手錶已過一小時後，他會在演說中停下來，無論自己是否正在講道，然後說：「弟兄們，時間已到，讓我們禱告吧。」不要這麼做！確保你最後的句子是計畫好的，而且至少聽起來是完整的。

試著以帶有你個人風格的方式，做出令人「難忘」的簡潔片語作結。演講教練唐·伯納德提醒我們，已故蘋果執行長賈伯斯只用四個字結束他在二〇〇五年史丹佛大學的畢業典禮致詞。

不要拖太長。假使中斷演說很糟，拖拖拉拉更糟。設定結束的時間點，並事先計畫結語，讓你及時完成演說，無須加緊腳步。

如果你超過預定的時間，根據一位演說教練的說法，不要用道歉結束你的演說（抱歉占用各位這麼多時間……）。請不要這樣做！完全不需要，用這段時間讓自己做出有意義，充滿自信的結論。

偉大的論述，就跟故事一樣，有開頭、中間和結尾。演說辯論大師邱吉爾將它稱作「論據的積累」，這對觀眾與講者都是可貴的經驗。

對於觀眾和演講者皆如此。你開始自己的縝密論述，他們則從純然的質疑開始，而後，你提出初步試探，也就是你最重要的論點，接著輔佐以各色證據，帶領觀眾前行，邱吉爾的兩位評論員曾說，最終引向無從迴避的結論。

偉大的論述辯論自帶特殊魔力，唯有邱吉爾能真正捕捉到它，以他獨一無二的邱吉爾式做法，掌握這魔力。

演說的高點透過快速連續的聲波與生動的圖片達成。觀眾樂於享受眼前的種種畫面，因為它們滿足了他們的想像力，他們的耳朵因語言的節奏而開心，激起了他們的熱情，接著講者提出一連串的事實，它們全都指著同一個方向。遠方壓軸結語就在眼前。群眾滿心期待，最後幾句話帶來了現場的歡聲雷動。

很棒的畫面，對吧？

現在的你站在臺上，面對一群觀眾，他們緊盯著你，專注傾聽你所說的每句話。你不需要小抄，你感受不到一絲焦慮。每雙眼睛都在你身上，等著你說出最後引語，你要講的趣聞軼事、你要大家起而行動的號召。在你大聲疾呼最後一句話時，現場一片鴉雀無聲，然後眾人喝采鼓掌。你知道你完美傳達了壓軸結語。

你不用聽任何聲音便知道你的大結尾已然達成。你已經具備成功的必要條件，走上前，傳達一個令人說服的論點。一切勝利在望。

致謝

簡單地說，如果不是大西洋兩岸這許多人教會我辯論和修辭的藝術，我的職業生涯和這本書都不會存在。我該怎麼說呢？就是容忍了我一生對爭論的痴迷。排名不分先後，我要感謝：

我在美國的出版社亨利・霍爾特（Henry Holt）以及編輯提姆・杜根（Tim Duggan），他比任何主要出版社都對我有信心。他在二〇二一年初突然發一封電郵給我，建議我們一起寫一本書——我都還沒來得及遞交提案！我在英國的出版社潘・麥克米倫（Pan Macmillan）以及編輯馬修・柯爾（Matthew Cole），對我非常有信心，在英國版權方面出價超過了其他八家出版社。

聯合人才經紀公司（UTA）的人們：我的文學經紀人，強大的琵拉・昆恩（Pilar Queen），她不僅幫我構思這本書的想法、結構和名稱，還在幾天之內就賣掉版權！她在整個寫作過程中定期給我鼓勵和有趣的電郵，以提高我的士氣，並確保我及時完成這整件該死的事情。我出色的電視經紀人，充滿活力的二人組——馬克・帕斯金（Marc Paskin）和利亞・阿龐特

（Lia Aponte），他們是無價的參謀／啦啦隊／朋友，早在二〇一九年就開始為這本書播下種子。當然，還有UTA的梅雷迪思・米勒（Meredith Miller），協助將這本書推向全球。

在我二十多歲時聘請我擔任電視研究員及製作人的各位英國老闆們：ITV的大衛・馬普斯通（David Mapstone）、戴夫・沙耶（Dave Sayer）以及羅伯・伯利（Rob Burley），他們允許我在鏡頭前爭論陽光下的每一個問題；Sky News的約翰・萊利（John Ryley）和克里斯・伯克特（Chris Birkett）；還有第四頻道的桃樂絲・拜恩（Dorothy Byrne）和凱文・薩克利夫（Kevin Sutcliffe）。另外，《赫芬頓郵報》的阿里安娜・赫芬頓（Arianna Huffington）、卡拉・布扎西（Carla Buzasi）和史蒂芬・赫爾（Stephen Hull）；Intercept/First Look Media的貝特西・里德（Betsy Reed）、格倫・格林沃爾德（Glenn Greenwald）和麥可・布魯姆（Michael Bloom）；《新政治家》（*New Statesman*）的編輯傑森・考利（Jason Cowley），這些人在二〇〇九年給了我這個二十九歲，在平面新聞領域毫無經驗的電視製作人一個在著名雜誌撰寫專欄的機會。在我的好朋友兼前同事詹姆斯・麥金泰爾（James Macintyre）舉辦的午餐會上，我說服了他這樣做，他甚至在我之前就確信我適合從事這一行工作。早在二〇一一年，應我的另一位長期支持者、出版商兼電台主持人伊恩・戴爾（Iain Dale）的要求，詹姆斯和我還合著了一本關於英國政治的書。

半島電視台英語頻道（AJE）的工作人員，包括：總經理吉爾斯・川戴爾（Giles

Trendle）；脫口秀主持人兼我的好友薩拉・卡德爾（Salah Khadr），同時是我的長期製作人、保護者、顧問和盟友；還有我的知己胡安・帕勃羅・雷蒙德（Juan Pablo Raymond），他甚至和我一起搬遷過好幾個國家。我在半島電視台也開發了自己的採訪風格。當然，還有*UpFront*和*Head to Head*編輯團隊的成員，總是確保我為每次採訪做好準備。（特別感謝AJE的來賓預訂者雷恩・科爾斯〔Ryan Kohls〕，他不得不尷尬地將維塔利・克利奇科〔Vitali Klitschko〕以及其他眾多憤怒的受訪嘉賓帶出工作室！）

二〇二〇年夏天，當我在疫情期間隔離在家，MSNBC時任總裁菲爾・格里芬（Phil Griffin）突然打電話給我，為我提供了一份夢想的工作機會：在NBC串流媒體頻道Peacock上主持晚間節目，並在MSNBC有線頻道上主持每週節目。接替菲爾的拉什達・瓊斯（Rashida Jones）兌現了他在MSNBC每週播出一次的承諾，此後一直支持和鼓勵我獨特的好鬥採訪風格，和直言不諱的直播風格。MSNBC人才主管潔西卡・庫爾達利（Jessica Kurdali）是整個項目的重要盟友。至關重要的是，還有我在Peacock和MSNBC的執行製作人——勞拉・科納威（Laura Conaway）、本・梅爾（Ben Mayer）、派翠克・麥克梅納明（Patrick McMenamin）、凱爾・格里芬（Kyle Griffin）——以及所有辛勤工作的製片人和來賓預訂者。他們每天都讓我看起來容光煥發，如果沒有他們，我根本無法完成這麼多熱門、有影響力的採訪。特別感謝蘇賈塔・湯瑪斯

（Sujata Thomas）和卡珊卓拉・施斯（Kassandra Scheese）為本書中提到的Peacock受訪者提供了協助。

早在我擁有自己的節目之前，我就有機會在他們的手下工作、學習和交友的英國傳奇電視採訪記者：喬納森・汀伯比（Jonathan Dimbleby），他是我真正意義上的導師，以及喬恩・斯諾（Jon Snow）、傑里米・瓦恩（Jeremy Vine）、凱・伯利（Kay Burley）和埃蒙・霍姆斯（Eamonn Holmes）等。

製作人基瑞恩・艾維（Kiran Alvi），他幫我提出了一些想法，早在我找到這本書的出版商之前就已經支持這本書。自由編輯喬恩・考克斯（Jon Cox），他幫我將漫無目的的想法轉變為（我希望是）您在本書中看到的清晰文章。

事實查核員格倫・斯皮爾（Glenn Speer）和他極其敏銳的眼睛；前牛津聯盟主席喬伊・杜爾索（Joey D'Urso），如果沒有喬伊說服我，牛津聯盟就不會進行伊斯蘭教辯論。「智平方」的優秀員工——尤其是漢娜・凱（Hannah Kaye）和法拉・賈薩特（Farah Jassat）——他們一次又一次邀請我在台上，在數千人面前辯論。作者約翰・哈里（Johann Hari）六年來不停地催促我寫這本書，就一本書，任何一本書都好！

許多作家、寫作者和線上演講教練開發或整理了本書中概述的許多論點和概念，特別值得一提的是卡曼・蓋洛（Carmine Gallo，《跟TED學表達，讓世界記住你》）、山姆・萊斯（Sam Leith, *Words Like Loaded Pistols*）和傑・亨利奇（Jay Heinrichs，《說理》）。

我最親近的表弟賽義夫（Saif）和他的妻子雷什瑪（Reshma），他們多年來不知疲倦地支持我——就像我妻子的父母、姊妹及她們的丈夫一樣。還有其他鼓舞我的朋友和美國、英國、加拿大、印度等地的家庭成員。你知道你是誰！我最好的朋友薩米爾（Sameer），你一直支持我，並且相信我。我的姊姊，在我的成長過程中襯托出我的爭論且支持我。我的父親和母親，你們提供了智慧和道德的壓艙石，我才能取得這所有成就，無論是職業還是在個人生活上。

我的孩子們，我兩個美麗而能言善辯的女兒，我的迷你西賽羅，她們可以滔滔不絕地辯論，只要能讓她們的父親就範！也許最重要的是我可憐的妻子，她近二十年來不得不忍受我對辯論和爭論的熱愛。她無法透過關掉電視或走出禮堂來擺脫我。話又說回來，她恰好是一位出色的律師，和我一樣，以贏得爭論為生，並盡其所能地付出。（補充一下，她也協助提出這本書的想法和標題！）

我從妻子和孩子那裡得到的愛、支持和感情，日復一日地給了我信心、能量和做事的能力，這是無可辯駁的。

梅迪・哈桑

BI7157
辯：
說服、溝通與公開演說必讀，美國最強辯論名家的言語攻防密技
Win Every Argument: *The Art of Debating, Persuading, and Public Speaking*

作　　者／梅迪．哈桑（Mehdi Hasan）
譯　　者／陳佳琳
企劃選書／韋孟岑
責任編輯／韋孟岑

版　　權／吳亭儀、江欣瑜、林易萱
行銷業務／周佑潔、賴玉嵐、賴正祐
總 編 輯／何宜珍
總 經 理／彭之琬
事業群總經理／黃淑貞
發 行 人／何飛鵬
法律顧問／元禾法律事務所 王子文律師
出　　版／商周出版
台北市 104 中山區民生東路二段 141 號 9 樓
電話：(02) 2500-7008　傳真：(02) 2500-7759
E-mail：bwp.service@cite.com.tw
Blog：http://bwp25007008.pixnet.net./blog
發　　行／英屬蓋曼群島商家庭傳媒股份有限公司城邦分公司
台北市 104 中山區民生東路二段 141 號 2 樓
書虫客服專線：(02) 2500-7718、(02) 2500-7719
服務時間：週一至週五上午 09:30-12:00；下午 13:30-17:00
24 小時傳真專線：(02) 2500-1990；(02) 2500-1991
劃撥帳號：19863813　戶名：書虫股份有限公司
讀者服務信箱：service@readingclub.com.tw
城邦讀書花園：www.cite.com.tw
香港發行所／城邦（香港）出版集團有限公司
香港灣仔駱克道 193 號超商業中心 1 樓
電話：(852) 25086231　傳真：(852) 25789337
E-mail：hkcite@biznetvigator.com
馬新發行所／城邦（馬新）出版集團【Cité (M) Sdn. Bhd】
41, Jalan Radin Anum, Bandar Baru Sri Petaling,
57000 Kuala Lumpur, Malaysia.
電話：(603) 90563833　傳真：(603) 90576622
E-mail：service@cite. my

線上版讀者回函卡

封面設計／FE 設計工作室
內頁排版／菩薩蠻數位文化有限公司
印　　刷／卡樂彩色製版有限公司
經 銷 商／聯合發行股份有限公司　電話：(02) 2917-8022　傳真：(02) 2911-0053

■ 2023 年 09 月 05 日初版
定　　價 420 元

ISBN　978-626-318-799-3（平裝）
ISBN　978-626-318-800-6（EPUB）

城邦讀書花園
www.cite.com.tw

國家圖書館出版品預行編目 (CIP) 資料
辯：說服、溝通與公開演說必讀,美國最強辯論名家的言語攻防密技/梅迪.哈桑(Mehdi Hasan)著；陳佳琳譯.-- 初版. -- 臺北市：商周出版：英屬蓋曼群島商家庭傳媒股份有限公司城邦分公司發行, 民112.09
336面；14.8×21公分
譯自：Win every argument : the art of debating, persuading, and public speaking.
ISBN 978-626-318-799-3(平裝)
1.CST: 說服 2.CST: 推理 3.CST: 辯論 4.CST: 溝通技巧
159.4　　112011733

Idea man

Idea man

Idea
man

Idea
man